Barbara Vödisch: Grundlos glücklich

Projektkoordination:
Marianne Nentwig

© J. Kamphausen Verlag &
Distribution GmbH, Bielefeld 2008
info@j-kamphausen.de

Lektorat: Christian Salvesen

Umschlaggestaltung:
Shivananda Heinz Ackermann

Typografie/Satz: Wilfried Klei

Druck & Verarbeitung:
Westermann Druck Zwickau

www.weltinnenraum.de

2. Auflage 2008
Die Deutsche Bibliothek – CIP-Einheitsaufnahme

Ein Titelsatz für diese Publikation
ist bei der Deutschen Bibliothek erhältlich

ISBN 978-3-89901-132-6

Dieses Buch wurde auf 100% Altpapier gedruckt und ist alterungsbeständig.
Weitere Informationen hierzu finden Sie unter www.weltinnenraum.de

Barbara Vödisch

Grundlos glücklich

Die Quelle
wahren Glücks
liegt in dir

Vergeude nicht dein Leben

mit den Geschichten der Vergangenheit

oder mit neuen Leiden und Dramen.

Warte aber auch nicht auf morgen,

auf die Erfüllung deiner Wünsche

und Erwartungen.

Lebe jetzt, und das ganz und gar.

Alles Glück ist jetzt.

Es ist dein natürliches Sein und ruft dich.

Wahres Glück

Nichts brauchst du,

nichts fehlt dir, um glücklich zu sein.

Wahres Glück ist nicht getrennt von dir,

ist nicht abhängig von glücklichen Ereignissen,

von beruflichem Erfolg, Anerkennung,

Geld oder einem anderen Menschen.

Es ist dein natürliches Sein.

Es ist nicht an einem anderen Ort

oder in der Zukunft zu finden.

Es ist hier und jetzt, grundlos und frei.

Sei willkommen, glücklich zu sein,

mit jeder Faser deines Seins

mitten in deinem Leben, wie immer es gerade ist.

Zum Geleit

Wollen wir nicht einfach nur glücklich sein? Sind wir nicht Zeit unseres Lebens auf der Suche nach dem Glück, verbunden mit unglaublichen Anstrengungen? Das Glück scheint uns alle zu bewegen, wenn auch auf unterschiedliche Art und Weise. Wer allein ist, hofft, mit einem Partner glücklicher zu sein. Leben wir in einer Partnerschaft, sehen wir uns mit den verschiedensten Herausforderungen konfrontiert. Wir glauben, wir könnten erst dann vollständig glücklich sein, wenn sich unser Partner anders verhalten, manche Schwierigkeit mit ihm nicht existieren würde, oder wir bezweifeln, ob er wirklich der Richtige ist.

Wir machen unser Glück meist von etwas abhängig: von der perfekten Partnerschaft, dem optimalen Job, einem Lottogewinn, von Liebe und Anerkennung oder davon, dass sich unsere Erwartungen erfüllen und wir unsere Ziele erreichen. Selten scheint das Glück vollkommen zu sein. Oft sind wir nicht einmal glücklich, wenn das eintritt, wovon wir uns unser Glück versprechen. Egal, wie sehr wir uns anstrengen, auf diesem Wege erfahren wir das vollkommene Glück nicht. Wonach suchen wir wirklich? Letztendlich nach dem grundlosen Glück, dem stillen Glück, in uns zu ruhen, unabhängig von den äußeren Bedingungen. Wie die Umstände unseres Lebens auch sein mögen, wahres Glück ist immer gegenwärtig. Wir sind uns dessen nur nicht bewusst. Es ist unabhängig von den Geschehnissen und ergießt sich aus sich selbst heraus.

Die Unterscheidung zwischen dem vergänglichen Glück, das von äußeren Umständen abhängt, und dem ewigen Glück, das unabhängig und frei in uns ruht, ist hier von Bedeutung. Nur in der Essenz unseres Seins liegt immerwährendes Glück. Auf der äußeren Ebene ist das Glück an Ereignisse geknüpft.

Da existiert die Dualität von Glück und Unglück, von Freude und Traurigkeit. Alles ist im stetigen Wandel. Da scheint es glückliche und unglückliche Momente zu geben. Während all dieser Zeiten aber ist unbeirrt grundloses Glück gegenwärtig. Es ist kein einmaliges Highlight, das kommt und wieder geht. Es ist zeitlos und liegt in der Erkenntnis unseres wahren Seins. Das vergängliche Glück können wir nicht festhalten, wie sehr wir es auch versuchen. Die Befreiung liegt darin, uns des zeitlosen Glücks, unserer Essenz, gewahr zu sein. Dafür ist es nicht von Bedeutung, ob wir reich sind, einen tollen Job haben oder in einer harmonischen Partnerschaft leben. Wahrhaft glücklich zu sein ist nicht vom Verhalten anderer Menschen und nicht von besonderen Lebensumständen abhängig. Wir können unabhängig von allem in grundlosem Glück ruhen, denn die Quelle des Glücks ist nur in uns zu finden.

In der Namenlosigkeit des grundlosen Glücks möchte ich euch willkommen heißen und dabei unterstützen, euch an euer wahres Sein zu erinnern. Ich werde oft gefragt, wie ich seit der „Bewusstseinsveränderung", im grundlosen Glück zu ruhen, die Welt erfahre und was sich verändert hat. So habe ich hier Beobachtungen und Erkenntnisse, zentrale Schlüssel zum Glück, niedergeschrieben, damit viele Menschen die Gnade erfahren können, in ihrer Essenz zu ruhen. Gnade ist, wie es das Wort schon sagt, ein Geschenk und nicht zu erzwingen. Dennoch können wir unser Bestes geben, um dem Glück auf die Sprünge zu helfen.

Ich schreibe dieses Buch nicht, um eurem Verstand neue Nahrung zu geben. Ich erwarte nicht, dass alles verstanden und gutgeheißen wird, will keine neuen Erwartungen in Verbindung mit dem Glück wecken. Ich möchte euch ermutigen, es spielerisch von selbst durchstrahlen zu lassen. Vertraute Vorstellungen vom Glück werden gesprengt. Stattdessen wird aktiviert, was tiefer ist und sich erinnert an ein Sein, grundlos glücklich und geborgen in sich selbst.

Am Ende mancher Kapitel sind Fragen hinzugefügt, die in Seminaren und Vorträgen gestellt wurden, denn es geht um die Praxis, einfach nur glücklich zu sein. Die scheinbare Trennung zwischen euch und dem Glück aufzulösen, um es aus euch selbst heraus erstrahlen zu lassen, das ist eine absichtslose Absicht dieses Buches. Grundloses Glück ist immer gegenwärtig und damit auch die Möglichkeit für uns alle, in jedem Moment glücklich zu sein. Die Schleier der Illusionen, die das Glück verdecken, wollen endlich fallen. Einer dieser Schleier ist, dass es unmöglich erscheint, immer glücklich zu sein, obwohl wir es uns so sehr wünschen. Ja, es ist unmöglich, solange wir unser Glück abhängig von Menschen und Ereignissen machen. Dann versuchen wir, die glücklichen Momente festzuhalten und die, die wir als schlecht bewerten, loszuwerden. So kämpfen wir gegen das Leben, von der ständigen Angst begleitet, das Glück könne uns wieder verlassen. Das ist anstrengend, und wir spüren zu Recht: Wir können die Ereignisse unseres Lebens nicht kontrollieren. Müssen wir auch nicht, um glücklich zu sein. Das stille Glück brauchen wir nicht festzuhalten oder zu kontrollieren. Wie auch? In Wahrheit sind wir davon nicht getrennt, wir sind uns dessen nur nicht bewusst.

Fast jeder Mensch würde bestätigen, glücklich sein zu wollen. Tagtäglich beobachte ich jedoch im Zusammensein mit den verschiedensten Menschen, wie sie es selbst verhindern. Dabei sind – so unterschiedlich die Menschen und ihre Wege auch sind – viele Gemeinsamkeiten zu erkennen. Es ist zu einer Gewohnheit geworden, zu leiden und zu klagen, weil das Glück nie vollkommen genug zu sein scheint.

Sind wir überhaupt dazu bereit, dass sich das Leiden auflösen darf? Oder glauben wir, es zu brauchen? Haben wir vielleicht sogar Angst davor, glücklich zu sein? Fest steht jedenfalls, die meisten Menschen hätten gerne mehr Glück. Wir können es aber weder haben noch festhalten. Glück zu haben würde bedeuten, dass wir es besitzen könnten. Aber selbst wenn wir es besitzen könnten, könnte es wieder genommen werden. Es scheint dabei immer ein Ich und das Glück zu geben. In der Vorstellung von einer Person, zu der das Glück kommen und gehen kann, die also vom Glück getrennt ist, liegt bereits die Illusion. Die Illusion liegt in dem Glauben, wir hätten das grundlose Glück, unser wahres Zuhause, verlassen. Wie können wir es verlassen haben, wenn wir es immer waren, sind und sein werden? Wir haben nur vergessen, was und wer wir wirklich sind. So geht es einzig um Erinnerung und Bewusstwerdung. Es gilt, aus uns selbst heraus glücklich zu sein. Ich betone wieder ausdrücklich, *glücklich zu sein* und nicht *Glück zu haben*. Es geht entgegen unserer sonstigen Bemühungen nicht darum, wie wir Glück erzeugen oder festhalten können. Denn das ist, wie wir alle wissen, sinnlos.

Es dreht sich hier nicht um die äußere Ebene, sondern einzig um unsere Essenz. Wenn wir für unser Glück nichts mehr im Außen verantwortlich machen, schwinden die Erwartungen. Wir lieben unser Leben, wie es ist, sind glücklich, nur weil wir sind. Die Bedingungen, wie wir und unser Leben zu sein haben, damit wir glücklich sein können, fallen weg. Wenn das Bewusstsein innerer Vollständigkeit erwacht, lösen sich viele Schwierigkeiten von selbst auf. Sie werden bedeutungslos. Die meisten Probleme entspringen dem Glauben, etwas oder jemand könnte uns unser Glück geben oder nehmen. Dabei ist es allgegenwärtig, unabhängig und frei von allem. Ihr könnt glücklich sein aus euch selbst heraus, jetzt, ohne Grund. Viel Spaß dabei, euch der Quelle grundlosen Glücks gewahr zu sein! Ihr müsst nichts tun, euch nicht anstrengen. Ihr könnt auch nichts falsch machen.

Glücklich zu sein ist einfach und für uns alle möglich. Grundloses Glück fragt nicht nach unserer Herkunft oder unserer persönlichen Geschichte. Da sind wir alle gleich, ob dünn oder dick, dumm oder schlau, hart oder weich. Da sind wir nackt, unschuldig, unbedarft. Keine Verdienste oder Versäumnisse, kein Gewinnen oder Versagen, nichts zählt hier. Ihr seid eingeladen, wer immer ihr seid, einfach ganz ihr selbst zu sein. Ihr müsst nicht wieder etwas Neues lernen, sondern euch an euer wahres Selbst erinnern.

Indem wir uns dessen bewusst sind, ist glücklich zu sein hier und jetzt möglich.

DIE SUCHE NACH DEM GLÜCK

Wir suchen nach dem Glück, weil wir es als weit entfernt empfinden. Hier und jetzt vermuten wir es nicht. Immer scheint etwas anders sein zu müssen. Wir empfinden einen Mangel und suchen nach Erfüllung. Wir suchen in materiellem Wohlstand. Erst wenn wir uns alles Mögliche leisten können, dann werden wir glücklich sein! Wir suchen in Beziehungen. Erst wenn wir mit einem bestimmten Menschen zusammen sind, dann kommt die Liebe, das Glück! Wir suchen in der Perfektionierung unserer Person: Erst wenn wir unseren Anforderungen entsprechen und perfekt sind, dann sind wir endlich angekommen!

Glücklichsein geschieht,
wenn wir dem Glück nicht hinterherrennen,
sondern in Frieden sind mit dem, was jetzt ist.

Wer nach dem Glück sucht, setzt voraus, dass es nicht bereits gegenwärtig ist, sondern dass wir suchen, suchen und nochmals suchen müssen. Was uns suchen lässt, ist der Glaube, uns fehle etwas. Dabei fehlt nichts. Lassen wir das auf uns wirken:

Es fehlt nichts.
Zu unserem wahren Glück fehlt nichts!
Es ist jetzt.
Wir sind es selbst.

Ihr könnt euch folgende Fragen stellen:

Was glaubt ihr, fehlt euch zu eurem Glück?

Worin glaubt ihr, es finden zu können?

Glaubt ihr, erst ein besserer, freierer Mensch werden zu müssen? Glaubt ihr, euch selbst im Wege zu stehen, oder dass ein bestimmter Mensch euch daran hindert? Alles, von dem ihr glaubt, es hindere oder fehle euch, ist eine Illusion. Schenkt dem nicht eure Aufmerksamkeit. Es ist nicht relevant für das grundlose Glück. Das ist gegenwärtig in einer Vollkommenheit und Einfachheit, die ich nie für möglich hielt. Wenn ihr euch an Momente erinnert, in denen ihr glücklich gewesen seid – waren diese von den perfekten äußeren Umständen abhängig? Vielleicht war es in der Natur, wo ihr einfach nur glücklich und in Frieden wart, obwohl nichts Großartiges geschehen ist? Vielleicht habt ihr nur dagelegen, die Sonne schien auf euren Bauch, und ihr wart erfüllt von stillem Glück. Vielleicht hat euch auch das Lachen eines Kindes berührt. Es ist nicht immer das Außergewöhnliche, das uns glücklich sein lässt. Das Glück braucht keinen Auslöser und steht mit nichts in Beziehung. Es ist nicht einmal abhängig von der Sonne oder dem Lachen eines Kindes. All das zeigt nur: Es ist einfach und bedarf nichts, um glücklich zu sein.

Die weltliche Ebene des Menschseins können wir mit Freude genießen, aber sie allein hat nichts mit unserem Glück zu tun. Betrachten wir die Realität. Wie viele Menschen scheinen alles zu haben und sind trotzdem nicht glücklich? Ein sehr erfolgreicher Geschäftsmann erzählte in einem meiner Seminare, er habe jetzt alles, was er sich immer gewünscht hatte und wovon er glaubte, es mache ihn glücklich. Er habe eine Frau, die er sehr liebt, drei wunderbare Kinder, ein schönes Haus und genug Geld. Seit einiger Zeit bemerke er aber, dass ihm etwas Bedeutendes fehle. Er sei zwar im Großen und Ganzen zufrieden, aber nicht wirklich glücklich. Manchmal würde er sich fragen, ob das alles sei. Er könne sich zwar beruflich noch neue und höhere Ziele setzen, was er auch mache, aber er wisse, es ändere nichts an diesem faden Gefühl. Er habe überhaupt keinen Grund zu klagen, suche aber nach etwas nicht Definierbarem und verspüre eine eigenartige Schwere. Manchmal käme er sich undankbar vor. Er traue sich jedoch nicht, mit jemandem darüber zu sprechen, wo er doch eigentlich ein Glückspilz sei und das habe, was sich viele wünschten. Auch diese Geschichte veranschaulicht: Es geht beim wahren Glück um etwas anderes. Mir sind einige Menschen begegnet, die alles erreicht haben, was sich ein Mensch normalerweise wünscht und mit Glück in Verbindung bringt. Doch aller Illusionen beraubt suchten sie nach dem Wesentlichen, waren bereit wie dieser Mann, der inneren Sehnsucht alles zu geben.

In allerletzter Konsequenz fällt es vielen schwer, sich dem Glück wirklich hinzugeben, obwohl sie glauben, nichts mehr zu wollen, als glücklich zu sein. Es gibt immer Erklärungen und Begründungen, warum wir jetzt noch nicht glücklich sein können, letztendlich nicht wirklich glücklich sein wollen. Das vertraute „Leidens- und Mangeldrama" lockt. Alles, was wir zu brauchen glauben, brauchen wir nicht. Ihr könnt überprüfen, was ihr zu brauchen glaubt, und die Illusion enttarnen. Wahres Glück muss nicht vervollständigt werden.

Wenn ihr wirklich glücklich sein wollt, könnt ihr es jetzt sein, gleichgültig, ob ihr mit eurem Mann oder eurer Frau streitet, egal, wie sich die Kinder verhalten
oder wie eure berufliche Situation ist.
Wahres Glück ist grundlos gegenwärtig.

Um glücklich zu sein, bedarf es nichts. Wir müssen auch nicht asketisch leben und dem Weltlichen entsagen. Wir können uns an der Fülle des Lebens erfreuen, brauchen sie aber nicht, um glücklich zu sein. Wir können uns freuen, wenn Menschen uns liebevoll begegnen, aber selbst wenn sie es nicht tun, können wir glücklich sein. Haltet einmal inne. Lasst es zu, jetzt einfach grundlos glücklich zu sein. Ihr müsst nichts erzwingen, nichts Besonderes fühlen. Im Laufe dieses Buches lenken wir immer wieder unsere Aufmerksamkeit auf das grundlose Glück, damit ihr euch dessen wieder bewusst werden und euch an euer natürliches, selbstverständliches Sein erinnern könnt.

Auch durch kollektive Einflüsse und Glaubensmuster bestätigen wir uns gegenseitig in Mangel und Leid. Die meisten Menschen würden uns Recht geben, wenn wir behaupteten, nicht glücklich sein zu können, weil wir Auseinandersetzungen am Arbeitsplatz haben, unser Haus verkaufen müssen, unser Partner „uns betrügt", wir zu viel rauchen oder essen. Wir bestärken uns gegenseitig in unserem Wahn, nicht glücklich sein zu können, weil das Leben einschließlich der Menschen angeblich ungerecht und schwierig ist. Wir finden immer etwas Neues. Nur weil viele an die Geschichten von Mangel und Leid glauben, muss das nicht die Wahrheit sein. Wir könnten auch einem Irrtum unterliegen.

Selbst die größte Katastrophe trennt uns nicht von der Quelle der Glückseligkeit. Kein Ereignis, kein Mensch, nicht einmal der Tod kann diese Quelle versiegen lassen. Wir glauben, uns etwas Gutes zu tun, wenn wir uns gegenseitig in unseren Leidensgeschichten bestärken. Es scheint Ausdruck von Mitgefühl zu sein, zeigt aber nur unsere Unbewusstheit und das Gefangensein in denselben Illusionen. Wir wissen es nicht besser. Dennoch ist und bleibt grundloses Glück unsere Essenz, egal, welche gute Geschichte wir zu haben glauben, warum wir weiter nach dem Glück suchen müssen. Ich möchte euch wieder zum Innehalten einladen. Schließt jetzt eure Augen.

Seid präsent in diesem Moment.
Nichts zu tun, nichts zu verstehen,
grundloses Glück ist gegenwärtig,
egal wie die Umstände des Lebens gerade sind.

Im Selbst zu ruhen ist nicht gleichbedeutend damit, immer voll überspringender Freude zu sein. Auch die eine oder andere Herausforderung kann auftauchen. Die ganze Farbpalette menschlicher Erfahrungen kann erscheinen. Und doch ist – ob wir weinen oder lachen – in jeder Erfahrung, selbst in den größten Herausforderungen unseres Lebens, grundloses Glück gegenwärtig.

Wir sind es allerdings gewohnt, das Glück nur mit bestimmten Gefühlen und Ereignissen gleichzusetzen, und glauben, alles andere stehe dem im Wege. Diese Spaltung ist eine Falle.

Wir brauchen das Leben nicht zu manipulieren, indem wir alles, was wir für unser Glück hinderlich halten, loszuwerden versuchen. Ladet alles ein, von dem ihr glaubt, es sei hinderlich! In dem Bewusstsein, dass niemand das Glück stören kann, ist nichts mehr euer Feind. Ihr könnt euch mit dem Leben aussöhnen und euch entspannen – hinein in diesen stillen Frieden. Ihr könnt mit offenen Armen die Welt empfangen und werdet eins mit ihr. Denn nur wenn wir manches als hilfreich und anderes als hinderlich für unser Glück ansehen, gibt es Freunde und Feinde unseres Glücks. Das Glück aber ist neutral. Obwohl es immer gegenwärtig ist, nehmen wir es nicht mehr wahr, weil wir glauben, es könne uns genommen oder vorenthalten werden.

Die Illusionen unserer gewohnten Glaubensmuster zu erkennen und zu durchbrechen, kann Angst machen. Wer an seinen Überzeugungen festhalten will, kein Problem! Aber vielleicht habt ihr den Mut, eure Geschichten infrage zu stellen? Vielleicht habt ihr den Mut, zuzulassen, dass nichts fehlt? Vielleicht seid ihr bereit, die Suche ein Ende nehmen zu lassen und jetzt glücklich zu sein? Lasst alles auf sich beruhen, Gedanken, Fragen, scheinbare Probleme. Öffnet euch nur der Stille, dem Frieden, diesem Moment. Lasst die Suche enden. Ihr könnt hier und jetzt glücklich sein, nicht erst morgen oder übermorgen. Anstatt zu suchen, seid ganz präsent mitten in eurem Leben, wie es ist.

Übung:

Die nachfolgende Übung hat sich bei vielen Menschen als sehr hilfreich erwiesen. Ihr könnt damit experimentieren. Schreibt einmal eure Antworten und eure Glaubenssätze zu folgenden Fragen auf:

- Ich wäre glücklicher, wenn mein Partner, mein Mann, mein Chef, der Nachbar... (zum Beispiel „netter zu mir wäre"...)

- Ich wäre glücklicher, wenn ich ...

- Was glaube ich, fehlt mir zu meinem vollständigen Glück?

Arbeitet einzeln mit jedem Glaubenssatz. Sprecht zunächst nur einen dieser Sätze aus: „Ich wäre glücklicher, wenn ...".

Dann fragt euch: „Was hat das mit meinem Glück (jetzt) zu tun?"

Einige Zeit schweigen, um das wirken zu lassen.

Diesen Ablauf wiederholt ihr so lange mit demselben Glaubenssatz, bis sich die Anhaftung gelöst hat. (Das kann sehr schnell nach 3 bis 4 Durchgängen geschehen, aber auch viel länger dauern.)

Optimal ist es, diese Übung mit einem Partner zu machen. Ihr sprecht euren Glaubenssatz laut aus, und der Partner stellt euch die Frage: „Was hat das mit deinem Glück jetzt zu tun?"

Nutzt die Chance, mit euren Glaubenssätzen zu arbeiten. Es lohnt sich, gerade bei hartnäckigen Überzeugungen und Iden-tifizierungen, nicht aufzugeben. Diese Übung mag anfangs viel-leicht lapidar oder befremdend wirken, ist aber sehr effektiv. Ihr könnt sie auch spielerisch im Alltag einsetzen. In Situatio-nen, in die ihr verstrickt seid, könnt ihr euch fragen „Was hat das mit meinem Glück jetzt zu tun?" und euch an eure Essenz erinnern. Hierbei geht es nicht um Argumentationen des Ver-standes und auch nicht darum, euch etwas einzureden. Expe-rimentiert, seid ehrlich mit euch und beobachtet, was ge-schieht.

Die Antwort auf die Frage: „Was hat das mit deinem Glück jetzt zu tun?" lautet, wenn sie wirklich aus der Tiefe kommt und ihr in stillem Glück ruht, meist: Nichts! Nichts! Nichts! Manche Menschen brechen während dieser Übung in Lachen aus. Sie können die Unabhängigkeit des Glücks in sich selbst spüren und die Bedeutungslosigkeit ihrer Überzeugungen. Ver-einzelt wird weiterhin an dem einen oder anderen Glaubens-satz festgehalten. Auch das ist in Ordnung. Alles hat seine Weis-heit und seine Zeit.

DAS HAPPY END – DIE ROMANTISCHE LIEBE?

Das Sinnbild für Glück scheint die romantische Liebe, eine Art Seelenverwandtschaft zu sein. In vielen Liebesfilmen ist das „Happy End", wenn Mann und Frau sich finden und den Rest ihres Lebens miteinander verbringen. Es scheint nicht nur das Ende der meisten Liebesfilme, sondern auch das Ende der Suche nach dem Glück zu sein. Doch viele Menschen leben in einer Partnerschaft und sind trotzdem nicht glücklich. Die Garantie, im Glück zu schwelgen, gibt es auch dann nicht, wenn wir mit einem passenden Partner leben.

Obwohl die Realität deutlich zeigt, dass Glück sich nicht automatisch durch eine Beziehung einstellt, ist die Suche nach der optimalen Beziehung, nach einem „Seelenpartner", tief in uns verwurzelt. Oft geben wir Beziehungen keine wirkliche Chance, belasten oder zerstören sie, weil wir von Bildern der perfekten Seelenliebe stärker geprägt sind, als uns bewusst ist. Wir erwarten, der Partner müsse uns all das geben, was uns zu fehlen scheint. Obwohl wir wissen, dass das unmöglich ist, erwarten wir es dennoch und richten unser Glück auf das Verhalten dieses einen Menschen aus. Wie sind eure Vorstellungen von der romantischen Liebe, der perfekten Partnerschaft?

Gebt all euer Sehnen, eure ganze Liebe dem Leben selbst, dem Dasein. Das, was ihr sucht, ist jetzt. Das Glück, das wir

bei bestimmten Menschen und in bestimmten Situationen suchen, kann in uns jetzt grundlos, ohne ein Objekt, gegenwärtig sein. Wollen wir nicht lieber jetzt glücklich und in Frieden
sein, als unser Leben lang auf die perfekte Beziehung oder das
perfekte Leben zu warten? Was ist, wenn jede Beziehung, wozu
auch immer sie gedient haben mag, zu dem jeweiligen Zeitpunkt
die passende Beziehung war und ist? Was, wenn jeder Partner
zu dem jeweiligen Zeitpunkt „der Richtige" war? Der Richtige, um uns an Grenzen zu bringen, uns zu spiegeln, uns bestimmte Erfahrungen machen und bewusst werden zu lassen.

Dem Leben liegt immer unendliche Weisheit zugrunde. Ist
es nur in einer Partnerschaft möglich, glücklich zu sein? Eine
Partnerschaft kann ohne Zweifel ein großes Geschenk sein. Und
doch liegt unser Glück in allem, in unserem Tun, in der Begeg-
nung mit anderen Menschen und gleichzeitig in nichts Speziellem, nur im Dasein selbst, in der Vollkommenheit eines jeden Augenblicks. Unterm Strich sitzen wir alle in demselben
Boot. Egal, ob wir alleine oder in wechselnden Beziehungen
leben, schon goldene Hochzeit gefeiert und Familie haben. Es
gilt, uns unabhängig von allem der inneren Vollständigkeit
bewusst zu sein. In jedem Moment glücklich zu sein hängt nur
mit diesem Bewusst-Sein zusammen. Einen Partner zu haben
und ihn und uns selbst erst einmal umkrempeln zu müssen, ist
überflüssig. Was ist mit dem Glück, das bereits hier und jetzt
ist?

Anstatt Bildern von der perfekten Liebe Macht über unser Leben zu geben, können wir uns jetzt dem stillen Glück
öffnen. Einfach nur präsent sein, nichts tun, nichts erreichen,
nur da sein. Wir sitzen oder liegen – sind einfach – das ist alles.
Die mangelnde Bewusstheit unserer eigenen inneren Vollständigkeit erschwert eine unbelastete Beziehung, weil wir unbewusst erwarten, unser Partner müsse uns vervollständigen.
Dabei ist die Vollständigkeit unseres Seins nicht erst durch
andere Menschen gegeben. Die Liebe und das Glück scheinen
immer etwas Exklusives zu sein, nur mit bestimmten Menschen

und in bestimmten Situationen möglich. Wir können grundlos glücklich sein, auch in unseren alltäglichen Kontakten, in jedem Moment.

Natürlich können uns manche Menschen besonders nah sein und wir zu unserem Partner eine einzigartige Liebe spüren. Natürlich ist nicht jede Beziehung gleich. Da gibt es Unterschiede in der Liebe zu unserem Partner, unseren Eltern, den Kindern oder zu einer schönen Musik, einem Kuchen oder einem Sport. Jeder kennt wahrscheinlich Begegnungen, die nicht vieler Worte bedürfen und wo wir eine Seelenverbindung spüren. Es gibt Menschen, die im Einklang mit uns schwingen und eine wundervolle Ergänzung zu uns sind, bei denen wir das Gefühl haben, dass wir uns schon ewig kennen, innerlich verwandt und verbunden sind.

In allerletzter Konsequenz aber liegt allen Menschen Vollständigkeit, dasselbe Selbst, das All-Eine, Namenlose zugrunde. Da existiert keine „Seele" mehr getrennt von einer anderen, auch keine mehr oder weniger verwandte. Da bleibt nur Bewusstsein. Durch scheinbar verwandte Seelen, durch die große Liebe erwacht manchmal für Momente das Bewusstsein grundlosen Glücks. Wir können uns durch den anderen an die Einheit, unser wahres Sein, erinnern. Ungeachtet dessen ist grundloses Glück aber von anderen unabhängig. Ohne Frage, wir bereichern unser Leben gegenseitig, ergänzen uns und lernen voneinander. Wir leben nicht allein auf diesem Planeten und unsere Leben sind miteinander verwoben. Und doch sind wir nicht erst durch bestimmte Menschen vollständig. Das letztendliche Glück finden wir auch nicht durch einen Seelenpartner, sondern in der Freiheit der „Seele", des einen Selbst.

Hinter der Suche nach der großen Liebe, nach der perfekten Partnerschaft, steckt nichts anderes als der Wunsch, in die allumfassende Liebe, in die Quelle einzutauchen.

Ihr könnt euch viel Schmerz und Ärger ersparen, wenn ihr, anstatt beim anderen zu suchen, euch an euer natürliches Sein erinnert und das ganze Leben, jeden Moment genießt.

Genießt es einfach nur, in Liebe zu sein, ob in der Natur, beim Sport, auf der Arbeit, mit der Familie oder allein. Die Unabhängigkeit unseres Glücks von allen Menschen und Erscheinungen ist jedoch nicht zu verwechseln mit einer aufgesetzten Stärke und der scheinbaren Unabhängigkeit, niemanden zu brauchen – aus Angst vor Verletzung und Nähe. Die wirkliche Freiheit betrifft die innere Dimension.

Der vorherrschende Glaube, wahres Glück einzig in einer Art Seelenpartnerschaft finden zu können, ist nur eine Vorstellung unseres Kulturkreises. Manche Kulturen bringen Glück nicht mit einem einzigen Partner in Verbindung, sondern mit mehreren. In anderen Ländern wiederum werden Ehen arrangiert. Welche Form von Beziehung macht uns glücklich? Keine. Und zugleich: Alles ist möglich.

Letztendlich ist die äußere Form unbedeutend. Es geht nur um das Ruhen in uns selbst und um die Hingabe an das, was die Weisheit des Lebens vorsieht. Folgen wir dieser inneren Wahrhaftigkeit, selbst wenn wir damit den gängigen Rahmen sprengen! Es ist jedoch wichtig zu prüfen, was wirklich wahrhaftig ist. Manchmal folgen wir nur alten Bequemlichkeiten, Erwartungen und Ängsten. Zum Beispiel, wenn wir – auf der Flucht vor wahren Gefühlen – von einer in die nächste Partnerschaft wechseln, immer nur dem Reiz des Neuen und einem Bild von Freiheit folgend.

Viele Beziehungen sind mit Herausforderungen und intensivem Lernen verbunden und werden den Vorstellungen der romantischen Liebe alles andere als gerecht. Läuft da etwas falsch? Können sie nie glücklich sein? Sie können. Wer sagt denn, wahres Glück sei nur durch eine glückliche Beziehung zu finden?

Solange wir an bestimmten Vorstellungen vom Glück in Verbindung mit einer Beziehung festhalten und uns der Unabhängigkeit unseres Glücks nicht bewusst sind, gibt es ein Problem. Dabei können wir glücklich sein, ungeachtet ob wir alleine, mit einem Partner oder in wechselnden Beziehungen leben. Glück ist immer gegenwärtig, jetzt und in jedem Augenblick, in der Vollständigkeit, die wir alle bereits sind.

Der Fluss des Lebens fließt von selbst und zeigt jedem den für ihn vorgesehenen Weg auf. Vertrauen wir dem Fluss, anstatt das Leben in unsere Konzepte zu pressen. Was wissen unsere Vorstellungen schon vom Leben? Die Lebendigkeit des Lebens lässt sich von unseren Bildern von Liebe und Glück nicht einengen und nicht beeindrucken. Das Leben ist nicht berechenbar. Es spielt, fordert unsere Vorstellungen immer wieder heraus, um uns zu zeigen, dass es alles umfasst und liebt. Es gibt uns immer wieder das, was unseren Rahmen sprengt, um uns die Weite des Seins erfahren und uns mit allem glücklich sein zu lassen. Wir haben so lange versucht, Bildern zu entsprechen, um geliebt zu werden und glücklich zu sein. Schränken wir uns nicht unnötig ein! Haben wir doch den Mut, unseren individuellen Weg zu gehen und uns dem Leben hinzugeben! Die Hingabe an den Fluss des Lebens, Dankbarkeit und Wahrhaftigkeit sind wichtige Tore zum grundlosen Glück.

Über allem steht aber die Erkenntnis des unabhängigen Glücks, des unsterblichen Selbst, dessen, was nicht geboren wird und nicht stirbt. Ich möchte aber auch Hingabe, Wahrhaftigkeit und Dankbarkeit nicht als ein Konzept verstanden wissen. Ich möchte euch nichts geben, woran ihr euch festhalten könnt, sondern euch einzig auf die Quelle, „das eine Selbst" verweisen. Alle Weisheit liegt dort. Die Worte Dankbarkeit, Hingabe und Wahrhaftigkeit mögen edel und heilig klingen. Doch wahrhaftig zu sein kann alles beinhalten, auch wild, revolutionär, lebendig, ängstlich oder traurig zu sein. Es bedeutet, mit dem zu sein, was gerade ist, anstatt es mit dem zu überdecken, was wir lieber hätten. Aber auch wenn wir uns selbst belügen, hat das Leben Humor und liebt uns.

Ich werde immer wieder gefragt, was wir für eine glückliche Beziehung tun können und worauf zu achten ist. Manche fragten mich, wie sie endlich den richtigen Partner finden können. Andere wollten wissen, was sie in ihren Beziehungen falsch machen und wie sie, wie ich, in einer langen glücklichen Ehe leben können. Damit verbunden war wohl die Hoffnung, konkrete Anhaltspunkte zu bekommen, um das Projekt Partnerschaft endlich erfolgreich umsetzen zu können. Auch wenn dieser Wunsch verständlich sein mag, kann ich keine Anhaltspunkte geben, weil es keinen Fahrplan gibt. Wir können das nicht wie eine Rechenaufgabe lösen. Vielmehr möchte ich euch dazu ermuntern, die Essenz des Glücks in euch selbst wahrzunehmen und der inneren Wahrheit zu folgen – jenseits von Konzepten und Bildern von einer perfekten Beziehung.

Es ist alles so individuell. Keine Partnerschaft ist wie die andere. Was für mich stimmt, muss für euch nicht stimmen. Nicht einmal, was gestern für mich noch passend war, muss es heute sein. Halten wir uns nicht mit Theorien auf, was wir anders machen müssten oder was in unserem Leben alles fehlt. Unser Leben ist perfekt, wie es ist. Es schenkt uns allen Vollkommenheit, immer genau das, was wir brauchen. Wir erkennen das oft nicht, wenn wir etwas anderes für unser Glück halten. Was ich wirklich aus tiefstem Herzen mit euch teilen möchte, ist die Liebe, das „in Frieden sein" mit dem, was ist.

Die Ehe, unser Zusammensein, ist für mich selbst ein nicht begreifbares Wunder, nicht in Worte zu fassen, erhaben und gleichzeitig ganz menschlich. Es gibt keine Garantie, alles ist offen, und unsere Beziehung ist wie unser Leben stetigem Wandel unterworfen. Vielleicht ist sie schon morgen, auf der Ebene der Zeit gesehen, vorbei. Oder sie besteht, bis dieser Körper stirbt, bis ans Ende aller Zeit. Der Fluss des Lebens wird es zeigen. Werden und Vergehen. Doch Essenz, grundloses Glück, ist und bleibt Liebe, persönlich und doch nur unpersönlich ewiglich.

Fragen und Antworten

Ich merke, wie ich an meinen Bildern von der großen Liebe festhalte. Wo bleiben heute noch die wahren Werte Verlässlichkeit, Treue und der Mut, Schwierigkeiten gemeinsam durchzustehen? Es mag zwar komisch klingen, ich schäme mich fast, das zu sagen, aber ich warte immer noch auf meine große Liebe. Ich bin zwar schon Ende 40, aber ich bin nicht bereit, das loszulassen.

Brauchst du auch nicht.

Ich frage mich trotzdem manchmal, ob ich mir nicht etwas vormache. Ich bin oft traurig und fühle mich alleine, obwohl ich mit meinem Beruf sehr glücklich bin und auch viele Interessen und gute Freunde habe. Irgendwie schmerzt mein Herz, komisch, auch jetzt, während ich spreche. Es sticht.

Lass den Schmerz zu, fühl ganz in dein Herz.

Ich bin doch hier bei dir, weil ich glücklich sein will und nicht, um Schmerz zu fühlen. Davon will ich ja weg. Der begleitet mich schon mein ganzes Leben.

Wenn du ihn immer wegschieben und nicht fühlen willst, ist es kein Wunder. Lass uns schauen, was mit ihm ist. Reich ihm die Hand. Vertrau!

Ich habe aber Angst davor. Mein Brustkorb wird immer enger. Das Herz tut weh.

Ich bin da, fühl in dein Herz.
Lass uns nicht mehr sprechen.

(Längere Pause, Schweigen)

Es sticht immer mehr. Mein Herz pocht. Ich spüre ein Gefühl tiefer Verlassenheit. Ich habe Angst, verletzt zu werden. Eigentlich vertraue ich den Menschen, besonders Männern nicht. Ich hatte oft das Gefühl, dass sie mich nicht wollen. Aber jetzt gerade fühle ich, dass ich nicht wollte. Ich gebe ihnen gar keine Chance und warte auf einen Märchenprinzen, auf den Unerreichbaren, damit ich keine Beziehung haben muss und unverletzt bleibe.

Ja. Bleib jetzt bei der puren Empfindung.

Das ist mir zu viel, ich halte das nicht aus. Es schmerzt und sticht. Das muss doch eine Ursache haben. Ich habe schon so viel Therapie gemacht. Vielleicht ist das aber auch aus einem vergangenen Leben?

Mag sein, mag nicht sein. Das ist jetzt alles nicht wichtig. Wir brauchen das nicht zu wissen. Weiche einfach nur nicht immer dem Schmerz, dem, was jetzt ist, aus.

Ja, das stimmt. Ich habe das gar nicht bemerkt.

Es ist tückisch. Oberflächlich betrachtet sah es gerade so aus, als wolltest du durch deine Frage nach der Ursache dem Ganzen näher kommen. Das mag manchmal hilfreich sein. Aber hier und in vielen Fällen kann es auch ein Versuch sein, auszuweichen und eine Geschichte daraus zu machen, um dich beschäftigt zu halten. Dein Herz sticht. Das ist die eindeutige Sprache hier und jetzt. Noch einmal: Bleib bei der puren Empfindung.

Es schmerzt immer noch so sehr. Ich will da nicht bleiben, will das nicht fühlen.

Fühl das. Hab den Mut. Es passiert nichts. Schau mich – wenn es geht – an.

Ja, es ist wirklich Zeit, mich dem zu stellen.

(Pause, längeres Schweigen)

Wenn ich dich anschaue, werde ich ruhiger. Ich fühle den Schmerz, er löst sich langsam, es wird weiter und weiter. Die Ruhe wird immer stärker. Der Schmerz verschwindet sogar.

Das Selbst, die Essenz, ist immer, ist größer als alles.

Das war nicht so schlimm, wie ich dachte. Es hat sich so schnell verwandelt, alles ist gut. Wovor habe ich mich eigentlich gefürchtet? Das muss ich mir merken: nicht ausweichen.

Ja, unsere Ängste und Befürchtungen scheinen ein Monster und real zu sein, obwohl es nichts, nicht einmal eine Fluse ist.

Ich brauche mich gar nicht zu fürchten, mein Herz ist so weit. Ich könnte euch alle hier umarmen, obwohl ich die meisten von euch nicht kenne. Meine Güte, bist du hartnäckig, das habe ich gebraucht!

Umarme, gerne. Lauschen wir jetzt zusammen einfach der Musik, und wer mitsingen will, ist dazu eingeladen.

LIEBE, DER SCHLÜSSEL ZUM GLÜCK

Wir sind es gewöhnt, an uns und das Leben Erwartungen zu richten. Sobald etwas nicht unseren Vorstellungen entspricht, sind wir enttäuscht und leiden. Wir kritisieren andere, wenn sie unseren Ansprüchen nicht gerecht werden. Niemand, auch nicht unsere Eltern, Kinder, Partner oder Chefs, ist da, um unsere Erwartungen zu erfüllen. Sie sind nicht da, um sich so zu verhalten, dass wir uns glücklich und geliebt fühlen. Es ist auch nicht ihre Aufgabe, unseren Vorstellungen gemäß perfekt zu sein. Genauso wenig sind wir da, um die Bedingungen anderer zu erfüllen.

Der Glaube, wir könnten nur lieben und glücklich sein, wenn alle sich so verhalten, wie wir es erwarten, ist die Wurzel vieler Probleme. Dabei ist die Erfüllung unserer Erwartungen nicht bedeutsam für unser Glück, vielmehr das Infragestellen und Loslassen dieser Erwartungen. Wir müssen uns und das Leben diesen Perfektionshirngespinsten nicht anpassen. Dabei vergessen wir, das Leben zu leben und die Menschen anzunehmen, wie sie sind. Es ist grausam, wenn alles den Phantombildern unserer Vorstellungen vom besseren Leben und vom besseren Menschen entsprechen muss.

Die Herausforderung des Menschseins ist, unsere Menschlichkeit anzunehmen. Es ist leicht, in Liebe zu sein, wenn sich unsere Erwartungen ausnahmsweise mit der Wirklichkeit decken. In den meisten Fällen jedoch stimmen sie nicht mit ihr überein. Es ist unerheblich, wie das Leben und wir Menschen unserer Meinung nach sein sollten. Es ist, wie es ist. Unsere Erwartungen sind: „Ich sollte freudiger, weniger aggressiv, erfolgreicher und selbstbewusster sein und mein Partner nicht so langweilig, unaufmerksam und egoistisch." Wenn wir denen zu viel Gewicht geben, vergessen wir, mit dem, was jetzt ist, glücklich und in Frieden zu sein. Wir können jetzt in Liebe und glücklich sein und nicht irgendwann einmal, wenn alle Bedingungen erfüllt sind. Welche Bedingungen stellt ihr an euch und andere? Wie glaubt ihr sein zu müssen, um geliebt und glücklich zu sein? Welche Erwartungen richtet ihr an euren Mann oder eure Frau, die Kinder, Eltern oder den Chef? Was glaubst du, muss sich bei dir und anderen ändern, damit du vollständig glücklich sein kannst?

Nichts. Der Schlüssel zur Befreiung ist, in Liebe zu sein, einverstanden zu sein mit dem, was ist. Wahre Liebe liebt das, was ist, nicht was unseren Vorstellungen gemäß anders sein sollte. Indem wir in Akzeptanz sind mit dem, was jetzt ist, kann das Bewusstsein grundlosen Glücks geschehen. Denn das wartet nicht darauf, dass wir anders sind, wartet nicht auf die perfekte Welt, den perfekten Menschen und die Erfüllung bestimmter Wünsche. Es ist jetzt, und es ist grundlos, genauso wie die Liebe einfach liebt, bedingungslos.

Das Glück wie auch die Liebe sind einfach nur präsent, beziehen sich auf die Realität und nicht auf Hirngespinste. In der Liebe können wir die Vollkommenheit, die Schönheit in allem erkennen. Das Herz ist weit genug, um alles zu lieben, was ist. Die Liebe stellt keine Bedingungen. Sie ist einfach nur, sie ist frei und kennt die Begrenzungen des Verstandes nicht. Bedingungen entspringen unserer Gedankenwelt. Die Gedanken lieben meist nicht, spielen uns Trennung vor, kommentieren und urteilen. Liebe aber kennt keinen Anfang und kein Ende. In der Liebe können wir manches verstehen, was nicht zu verstehen ist, können wir Menschen und Situationen annehmen, die all unseren Erwartungen widersprechen. Sie verbindet, integriert, überwindet das, was der Verstand niemals erfassen und lieben kann.

Der Verstand stellt Bedingungen, und das oft auch im Namen der Liebe. Jedes Mal, wenn wir von uns und unseren Mitmenschen eine Änderung erwarten, damit wir lieben und glücklich sein können, knüpfen wir an das Glück wie an die Liebe Bedingungen. Wir begegnen dann dem Leben und den Menschen mit unverhältnismäßiger Strenge. Egal ob wir selbst oder andere unseren Vorstellungen entsprechen, wir können einfach in Liebe sein. Wenn wir alles an unseren Erwartungen messen und ständig kritisieren, dann ersticken wir die Liebe im Keim. Wir fordern etwas von anderen, als müssten sie uns selbstverständlich geben, was wir erwarten. Tun sie es nicht, machen wir ihnen Vorwürfe, als seien sie uns etwas schuldig. Nichts sind sie uns schuldig, auch und schon gar nicht aus Liebe. Wir können vieles nicht achten, weil wir es erwarten und für selbstverständlich halten.

Wo bleibt die Freiheit der anderen? Diese übersehen wir gerne, und so beginnt unser Problem meist dann, wenn sie andere Bedürfnisse und Wünsche haben als wir. Da wir ihr Nein nicht hören wollen, erwarten und fordern wir lieber, so als sei es ein Muss für sie, unsere Richtlinien zu erfüllen. Ein anderes Verhalten als das von uns erwartete erscheint uns unmoralisch und egoistisch. Wir finden leicht Argumente, um dem anderen ein schlechtes Gewissen einzujagen und die Richtigkeit unserer Forderungen zu unterstreichen. Dessen Freiheit, „Nein" zu sagen, scheinen wir in solchen Momenten völlig zu vergessen.

Der Grund für diese Spielchen ist: Wir haben unsere eigene innere Freiheit, unser wahres Selbst vergessen. Wir haben vergessen, dass wir genährt und vollständig sind, egal was der andere tut oder unterlässt. In diesen Momenten sind wir in unseren Erwartungen gefangen, in dem Gefühl, sie müssen erfüllt werden, damit wir glücklich sein können.

Nichts ist selbstverständlich.
Alles wird geschenkt.
Achten, was ist.

Mit unseren Forderungen und Vorwürfen stellen wir uns über andere Menschen und die Schöpfung. Wir meinen, besser zu wissen, wie alles zu sein habe. Dabei vergessen wir die gesunde Demut vor der Weisheit und Vollkommenheit des Lebens. In unserer Arroganz übersehen wir, wie in und hinter der scheinbaren Unvollkommenheit, die wir bemängeln, doch reine Vollkommenheit liegt.

Viele Menschen können im Rückblick einen goldenen Faden erkennen, der sich durch ihr Leben zieht. Was einst sinnlos, als Strafe oder Hindernis erschien, stellt sich im Nachhinein als Segen heraus. Was aber, wenn bereits im Moment des Geschehens alles vollkommen war und ist? Die Vollkommenheit wird uns jedoch oft nur im Rückblick bewusst, weil in der Situation selbst Ängste, Erwartungen und Verstrickungen den Blick verschleiern. Dabei war und ist jeder Augenblick vollkommen. Wir können unsere Ängste und Befürchtungen als Illusionen enttarnen, entspannen und darauf vertrauen, dass das Leben immer das Beste für uns im Auge hat. Unser Leben ist, wie es ist.

Frieden geschieht, wenn wir das Leben auch mit dem annehmen, was uns unvollkommen erscheint. Wenn wir unserer Menschlichkeit mit Mitgefühl und Humor begegnen, anstatt mit ihr im Kampf zu sein. Lasst das, was ihr als unvollkommen bewertet, auch die menschlichen Eigenarten, in euer Herz. So kann sich die Schönheit und Vollkommenheit offenbaren, die allem zugrunde liegt.

Wir geben alle das Beste innerhalb unserer Möglichkeiten. Strenge und Nörgelei helfen uns nicht weiter. Je mehr wir erwarten und fordern, desto unflexibler und härter werden wir. Das Leben fragt sowieso nicht nach unseren Vorstellungen. Wenn wir uns unseren Erwartungen beugen, sind wir nicht wirklich glücklich. Durch Liebe jedoch befreit sich vieles von selbst: Verhaltensweisen ändern sich, Schwierigkeiten lösen sich auf. Unsere Menschlichkeit jedenfalls behindert das grundlose Glück nicht.

Wofür dann diese unnötigen Anstrengungen? Wir können es viel leichter haben, indem wir „Ja" zum „da Sein" sagen. Es ist ein universelles Ja, ein „in Frieden sein" mit allem, was ist. Es umfasst das Ja wie das Nein. Es ist nicht gleichbedeutend damit, zu allem Ja und Amen zu sagen. Wir können durchaus etwas verändern. Das Ja zu allen Aspekten der Schöpfung schließt auch unsere Grenzen, unsere Widerstände mit ein. Das Leben anzunehmen, wie es ist, bringt Freiheit.

Halten wir uns aber an unseren Erwartungen fest, trennen wir uns genau damit von der Liebe ab. Wir fühlen uns nicht glücklich und geliebt und begründen das mit den äußeren Begebenheiten und dem Verhalten anderer Menschen. Dabei weisen wir durch unsere Ansprüche die Liebe selbst zurück und sind ihrer nicht gewahr. Wir machen aber dem Leben zum Vorwurf, dass es nicht ausreichend Glück und Liebe für uns vorsieht.

Liebe ist gegenwärtig,
doch wir gaukeln uns vor,
sie müsse uns von anderen geschenkt,
wie das Glück erlangt,
erarbeitet und verdient werden.
Wir müssen uns Liebe oder Glück nicht verdienen.
Wir können sie uns nicht verdienen!
Sie sind unsere wahre Natur.
Werden wir still,
öffnen wir uns diesem inneren Schatz.
Nichts als Liebe, hier und jetzt.
Wir können in Liebe und glücklich sein.
Nur weil wir sind.

Lasst den Widerstand, die Realität anzunehmen, lasst den Kampf mit dem Leben enden und damit auch das Leiden. Eine stille innere Akzeptanz, eine friedvolle Gelassenheit kann geschehen – nicht zu verwechseln mit einer erzwungenen Harmonie, die dem Glauben entspringt, alles lieben zu müssen. Wahre Liebe kennt nicht einmal die Bedingung, alles lieben zu müssen. Sie liebt auch, wenn wir scheinbar nicht lieben. Wir können weder Liebe noch Glück erzwingen. Wir müssen keinen Heiligenschein leuchten lassen und plötzlich alles durch eine rosarote Brille sehen. Auch unsere Widerstände und Zweifel sind wie jede Erfahrung willkommen und Ausdruck der Quelle.

Was ist mit unserer Bereitschaft, das Leben mit allen Facetten, mit dieser allumfassenden Vielfalt zu erfahren? Die Liebe erwartet nicht, dass wir immer nur sanftmütig sind. Sie ist auch dann, wenn wir ungeduldig sind und wenn sie so weit entfernt zu sein scheint. Auch dann, wenn wir uns nicht geliebt, verletzt und zurückgewiesen fühlen. Sie kennt auch nicht die Bedingung, dass wir bessere Menschen werden müssen. Wir sind aber das ganze Leben damit beschäftigt, es sein zu wollen. Sind wir nicht richtig? Ist der Schöpfung ein Fehler mit uns unterlaufen? Wohl nicht. Beenden wir endlich den Kampf mit der Schöpfung!

Es gibt kein Ich getrennt von der Schöpfung. Wir sind eins. Was wollen wir noch erzwingen? Vielleicht Glück und Liebe? Unmöglich. Sie sind einfach da. Wenn wir uns unserer Essenz bewusst sind, in Liebe ruhen, geben wir von selbst Liebe, ohne es zu beabsichtigen.

Nur aus dem nagenden Gefühl heraus, nicht geliebt und richtig zu sein, verlangen wir von anderen, uns ein Gefühl von Liebe und Glück zu geben. Wenn wir selbst in Liebe sind, müssen wir andere nicht absichtlich verletzen. Wir sind nicht eifersüchtig. Nicht weil wir Eifersucht für schlecht und verabscheuungswürdig halten oder bekämpfen, sondern weil wir erfüllt sind. In Liebe mit allem zu sein, bedeutet nicht, keine Wut, keine Zweifel, keine Eifersucht und keine Vorlieben mehr zu verspüren. Wir müssen auch keine Schuldgefühle haben, wenn wir einmal ärgerlich oder eifersüchtig sind. Viele glauben allerdings, das sei ein Zeichen dafür, spirituell noch nicht weit genug entwickelt zu sein. (Was auch immer das heißen mag.)

Alles zu lieben heißt, auch den Zweifel und die Wut, Licht und Schatten zu lieben. Spaltung und Ausgrenzung sind der Liebe nicht bekannt. Alles zu lieben ist ein „in Liebe sein", ohne die Absicht oder gar Pflicht, lieben zu müssen. Liebe ist immer gegenwärtig. Nur durch unseren eingeschränkten Blickwinkel erscheint es, als schließe sie manches aus und wäre nur bedingt existent. Dabei war und ist sie in jeder Situation, und sei sie noch so schmerzhaft. Jede Situation, jeder Mensch, durch die oder den wir uns nicht geliebt oder sogar verletzt gefühlt haben, hat uns gedient. Es war nur möglich, uns zu verletzen, wenn wir an einen Mangel an Liebe geglaubt, von anderen etwas erwartet haben und uns unserer Vollständigkeit nicht bewusst waren. Die Liebe war trotzdem gegenwärtig, wir ihrer nur nicht gewahr. Wir sind es gewöhnt zu kritisieren, immer noch mehr zu wollen und die Geschenke in all den Erfahrungen unseres Lebens zu übersehen.

Wenn wir nicht dankbar sind, wenn wir das, was ist, nicht achten, sondern es mit Füßen treten, wird alles andere niemals ausreichend sein. Das Rad der Unzufriedenheit dreht sich so immer weiter. Halten wir lieber inne!

Danke für das Geschenk des Lebens
Danke für die Gnade des Seins
Danke für alles, für jede Erfahrung
Danke für das Aufwachen aus Illusionen
Danke für die Gnade der Erkenntnis.

Danke für jedes Gefühl und jeden Gedanken
Danke für das Licht und den Schatten
Danke für die Liebe und den Streit
Danke für die Sonne und den Regen
Danke für das Lachen und das Weinen.

Danke für das All-Ein und das Zusammen-Sein
Danke für die Eltern, die das Leben schenkten
Danke für all die Menschen, die uns begleiten
Danke auch für die, die unsere Grenzen sprengten.

Danke für die Blumen und die Bäume
Danke für jeden Stern und jeden Stein
Danke für deinen Stern, der leuchtet
Danke für dein Sein.

Danke für alles, was war
Danke für alles, was ist
Danke für alles, was sein wird
Danke für die Stille und den Frieden.

Lassen wir uns von Liebe und Dankbarkeit berühren,
für die Vollkommenheit des Lebens,
von der Dankbarkeit für unser Sein.

Eine wunderbare Freiheit geschieht,
wenn unser Herz sich weitet,
wenn wir die Menschen und das Leben sein lassen können,
ohne sie verändern, biegen und formen zu müssen.
Wir können entspannen und durchatmen.
Heißt alles willkommen:
das Leben, die Welt, wie sie ist.

ABHÄNGIGKEITEN

Den Menschen, die uns wichtig sind, geben wir oft eine zu große Bedeutung in unserem Leben. Es erzeugt Abhängigkeit, wenn wir immer etwas bei ihnen suchen und etwas von ihnen brauchen. Diese ständige Bedürftigkeit macht uns zu Bettlern und ist der uns innewohnenden Göttlichkeit unwürdig. Unter dem Deckmantel der Liebe versuchen wir, unsere Bedürftigkeit zu kompensieren.

Abhängigkeiten setzen wir meist mit Liebe gleich. Wie sehr wir andere brauchen, scheint ein Indiz dafür zu sein, wie sehr wir sie lieben. Wir haben gelernt, dass Bedürftigkeit ein Ausdruck von Liebe ist. Deshalb versuchen wir uns gegenseitig zu beweisen, wie wichtig wir füreinander sind.

Das „Opfern" unserer inneren Wahrhaftigkeit scheint auch ein Liebesbeweis zu sein. Wir müssen Liebe nicht beweisen. Im Gegenteil: Erst ohne Abhängigkeit kann sie sich frei entfalten. Es ist kein Verrat am anderen und kein Egoismus, wenn wir uns nicht verleugnen – frei wie ein Vogel und glücklich aus uns selbst heraus!

Die Liebe ist auch und gerade dann da, wenn wir aus den Verstrickungen heraustreten und die Schleier der Abhängigkeiten hinter uns lassen. Selbst Menschen, die bereits sehr bewusst sind, berichten von ihrer Angst vor der letztendlichen Freiheit. Von einer Angst vor Beziehungslosigkeit und davor, unabhängig von der Liebe anderer nicht überleben, zumindest aber nicht glücklich sein zu können. Wir halten deswegen an Pseudo-sicherheiten wie Beziehungsabhängigkeiten fest. Diese hinter uns zu lassen, scheint für viele wie eine letzte Hürde, ein Sprung ins Unbekannte zu sein.

Wir machen aber unser Glück nicht nur abhängig von anderen und deren Verhaltensweisen, sondern fühlen uns auch mitverantwortlich für deren Glück. Manchmal glauben wir, aus diesen Verstrickungen nicht heraustreten und glücklich sein zu dürfen, während nahestehende Menschen leiden. Wir glauben, ihnen verpflichtet zu sein und sie nicht im Stich lassen zu dürfen. Für wen wir uns nicht alles mitverantwortlich fühlen!

Wenige Menschen sind wirklich frei in ihrem Energiefeld. Viele sind unbewusst mit ihrer Mutter, ihrem Vater, dem Expartner oder anderen Menschen verstrickt. Das geschieht, wenn wir uns für sie verantwortlich fühlen, sie nicht loslassen können oder Angst haben, ohne sie nicht überleben bzw. glücklich sein zu können. Diese Verstrickungen bestehen unabhängig davon, wie oft oder ob wir überhaupt noch mit den jeweiligen Personen in Kontakt sind. Selten gestalten sich Beziehungen dann noch frei und unbeschwert.

Viele Abhängigkeiten, durch die wir glauben, Liebe und Solidarität beweisen zu müssen, ziehen sich bereits durch Generationen. Sie sind elementar und tief in uns verwurzelt. Dabei können andere nicht unseren und wir nicht deren Mangel an Bewusstheit beheben, selbst wenn wir unser Leben für sie opfern würden.

Das gegenseitige Tragen unnötiger Lasten macht niemanden glücklicher. Was hilft, ist einzig und allein, aus den Dramen auszusteigen. Sie bekommen sowieso viel zu viel Aufmerksamkeit und binden unnötig Energie. Wir drehen uns damit nur im Kreis. Es gilt, diese Ebene zu verlassen und uns an die Souveränität unseres wahren Selbst zu erinnern. Sehen wir uns in unserer wahren Größe, anstatt das gefangene kleine Ich immer weiter zu nähren. Wann immer wir uns verantwortlich für das Glück anderer fühlen oder sie verantwortlich für unseres machen, können wir innehalten und die Aufmerksamkeit auf unsere wahre Größe richten.

Wenn ihr mögt, könnt ihr folgende Fragen auf euch wirken lassen:

- Habt ihr Angst, Intensität und Lebendigkeit könnten aus eurem Leben verschwinden, wenn ihr aus Beziehungsdramen und Liebesabhängigkeiten aussteigt?
- Glaubt ihr, diese machen erst das Leben lebendig?
- Habt ihr Angst vor wirklicher Freiheit?
- Was glaubt ihr hindert euch in diesem Moment, vollständig glücklich zu sein?
- Für wessen Glück fühlt ihr euch verantwortlich?
- Von welchen Menschen und deren Verhalten macht ihr euer Glück abhängig?

Fühlt, was euch in der Tiefe hindert, immer glücklich zu sein! Habt den Mut zu fühlen, worum es wirklich geht! Habt den Mut, alles hinter euch zu lassen, die Menschen, Situationen, Wünsche und Erwartungen. Seid euch des grundlosen Glücks jenseits aller Abhängigkeiten gewahr! Wenn diese in den Hintergrund treten, kommt das zum Vorschein, was wirklich ist: Liebe ohne Bedingung, eine Freiheit, die unendlich ist.

Das ist nicht gleichbedeutend damit, beziehungslos, gefühllos und ungebunden zu sein, oder dass uns alles egal ist und Menschen uns nicht mehr berühren können. Es schwindet nur die Abhängigkeit unseres Glücks von Menschen, Bedingungen und Vorstellungen. Es ist Glück selbst, Liebe selbst und damit frei. Natürlich können wir es nach wie vor genießen, mit unserem Partner oder unseren Kindern zu sein. Wir können weiterhin inmitten der Welt sein, die Materie lieben, den Kontakt mit unseren Freunden. Die äußere Situation muss sich nicht verändern. Nur die innere Abhängigkeit geht.

Wenn nichts gebraucht wird, weil wir aus uns selbst heraus glücklich sind, kann ein unbelasteter, freier Austausch geschehen. Viele Menschen haben Angst, dass sie, wenn sie frei sind, den Boden unter den Füßen und den Kontakt zu den Menschen verlieren. Das Gegenteil ist der Fall. Wenn wir mit unseren Erwartungen beschäftigt sind, können wir andere auch nur durch diese Schablonen betrachten. Wenn wir uns der eigenen Vollständigkeit nicht bewusst sind, können wir andere auch nicht in ihrer Vollkommenheit wahrnehmen.

Im Bewusstsein grundlosen Glücks sehen wir dagegen andere wahrhaftiger, erkennen sie in ihrem wahren Sein. Wir sehen das eine Selbst in ihnen. Die Liebe kann sich freier entfalten, wenn wir uns nicht gegenseitig die Verantwortung für unser Glück zuschieben. Wir müssen nicht mehr Menschen manipulieren, an uns binden, festhalten und auf das reduzieren, was uns dienlich zu sein scheint. Wir sind nicht mehr von ihrem Verhalten abhängig, brauchen nichts von ihnen, um glücklich zu sein. Die Angst, etwas Wichtiges nicht zu bekommen, schwindet.

Lüften wir den Schleier der Abhängigkeiten! Aller Glaube, alles spirituelle Wissen hilft auf Dauer nichts, wenn wir nicht den Mut haben, innerlich alles hinter uns zu lassen und einfach glücklich zu sein. Wenn wir die Abhängigkeiten nicht mehr nähren und uns der inneren Freiheit gewahr sind, erinnern wir auch andere an ihre wahre Natur, daran, dass es möglich ist, in grundlosem Glück zu ruhen. Wir erinnern sie daran, geliebt zu sein, nur weil sie sind, und nicht nach Liebe und Glück suchen zu müssen. Und dieses Erinnern geschieht nur durch unsere Präsenz, absichtslos.

Wir machen aber unser Glück nicht nur von Menschen, sondern auch von anderen äußeren Faktoren abhängig: von der Erfüllung unserer Erwartungen, dem Erreichen unserer Ziele, von Genussmitteln und besonderen Erfahrungen. Das Gefühl von Mangel ist in unserer Gesellschaft zur Selbstverständlichkeit geworden. Immer fehlt etwas, was wir noch brauchen, um glücklich zu sein.

Doch selbst diese Abhängigkeiten und Verstrickungen haben ihren Sinn in der menschlichen Erfahrungswelt. Wer an alten Abhängigkeitsstrukturen festhält, ist auch willkommen. Wenn ihr Angst habt vor der letztendlichen Freiheit, braucht es vielleicht seine Zeit. Es geht um kein Ziel und nicht darum, grundloses Glück zu erzwingen. Seid euch aber dabei bewusst, dass es euch vom Leben nicht vorenthalten wird, sondern eure Angst einfach größer ist.

Ich kannte diese Angst sehr gut, gleichzeitig aber durchzog eine nicht zu erschütternde Entschlossenheit mein Leben: nicht vorher haltzumachen, bis ich den Frieden, die Liebe, die mir vertraut waren, nach denen ich mich so sehnte, wiederfinden würde. Es wartet auf uns alle – grundloses Glück, unsere Essenz. Und doch scheint es vertrauter zu sein, zu leiden. Seien wir ehrlich. Wir weisen das Glück, die Freiheit unseres Selbst zurück, weil wir uns mit den vertrauten Abhängigkeiten sicherer fühlen. Wenn wir das anerkennen und nicht mehr glauben, das Glück würde uns vorenthalten, kehrt Ruhe ein. Wir brauchen nichts zu erzwingen, auch kein Glück, von dem wir nur glauben, dass es sein sollte. Erwartet nichts. Wie wir sind, sind wir willkommen. Macht euch keinen Stress mit dem Glücklichsein. Sobald wir es erzwingen wollen, es uns zum Ziel machen, entrinnt es. Aus dem Freisein ein Ziel zu machen, verhindert, es jetzt einfach zu sein. Wir brauchen nur das durchstrahlen zu lassen, was wir jetzt und immer sind.

Keine Übung und keine Anstrengung kann Liebe und Glück herstellen. Wir können nur emotionale Dramen enttarnen und uns dem Nichts stellen, leer sein. Und selbst dieser Versuch kann tückisch sein und wieder neue verführerische Erwartungen erzeugen. Es gibt kein Glücksrezept. Glück ist und bleibt ein Bewusstsein, unser Sein. Es ist nicht zu erfassen, nicht zu verstehen. Das Geschenk liegt in der Erfahrung, im inneren Erkennen. Das pure, natürliche Sein kennen wir alle. Das ist nichts Neues. Dazu brauchen wir keine Anleitung, wie es sich anfühlen muss, und wie wir es erlangen können. Das versuchen wir schon seit Urzeiten und sind damit ziemlich erfolglos. Da helfen keine neuen „Glücksrezepte". Das hindert uns mehr, als es uns nützt. Lassen wir jetzt mal alle Vorstellungen von Liebe und Glück, auch all die Worte in dem Buch hier, in den Hintergrund treten. Alles verblasst. Wir sind nur hier und jetzt. Wenn alles wegfällt, ist und bleibt grundloses Glück.

Es geht hier um weniger.
Es geht um nichts,
um pure Essenz,
um Einfachheit.
Es ist absichts- und mühelos.
So wie du bist,
bist du willkommen.

Fragen und Antworten

*Ich habe eine große Sehnsucht danach, frei zu sein, merke
aber auch, dass mir manche Verstrickung noch ganz
recht ist. Ich habe Angst davor, zu losgelöst zu sein. Mir
sind meine Beziehungen und Kontakte so wichtig. Ich
habe Angst vor dem letzten Schritt. Da leide ich lieber,
wenn ich enttäuscht bin, weil ich mir immer noch etwas
von anderen erhoffe. Ich spüre ganz genau, wie ich nicht
bei mir bleibe. Ich weiß, dass da noch mehr möglich ist,
aber ich habe Angst, ohne Bindung zu frei zu sein. Darf
ich dich was fragen?*

Ja, klar.

*Wie war das für dich nach der Bewusstwerdung? Waren
Beziehungen plötzlich alle unwichtig für dich? Ich habe
gehört, du bist verheiratet. Bist du das denn immer
noch? Kannst du mir etwas von dir erzählen, wie du das
erlebst und erlebt hast?*

Ich hatte dieselbe Angst wie du. Sie war bei mir die
größte Hürde. In dieser langen wundervollen Beziehung
mit meinem Mann überwältigte mich immer wieder ein
unermesslicher Schmerz, wenn ich mit ihm besonders
glücklich war. Ich wollte dieses unbeschreibliche Glück
festhalten, spürte aber gleichzeitig, wie unmöglich das
ist und wie zerbrechlich und vergänglich das Leben ist.
Mir wurde bewusst, wie sehr ich mein Glück mit ihm in
Verbindung brachte. Allein schon bei der Vorstellung, er
könnte sterben und wir würden nicht mehr zusammen
sein, war es manchmal, als würde mir das Herz zerris-
sen. Dabei spürte ich auch, dass etwas in mir, über die
Liebe hinaus, abhängig und gebunden war. Anfangs
wusste ich zwar darum, war aber noch nicht bereit,

mich dem zu stellen, weil die Angst noch größer war. Doch dann kam von selbst die Zeit, wirklich allem in die Augen zu schauen, alles hinter mir zu lassen. Diese unermessliche Stärke und Größe des Selbst strahlte.

Ich hatte dann einen Traum, wo ich im Meer war. Am Strand stand mein Mann, wir schauten uns aus weiter Entfernung an. Da war das Wissen, dass „mein Körper" sterben wird. Es geschah Abschied von der körperlichen Existenz. Es war in vollkommener Ordnung, im Meer unter- bzw. aufzugehen, ruhend in einer Stille, im Ewigen, nichts starb wirklich. Da war so ein Frieden, ein Einverstandensein. Mein Mann war verzweifelt und schrie nach mir. Ich weinte, als ich aufwachte und fast den ganzen Morgen, ein Meer von Tränen. Abschied von der festhaltenden Verbindung, ein Tod, ein Tod der Abhängigkeiten. Es geschah eine Loslösung davon, ihn zu brauchen, um glücklich zu sein.

Grundsätzlich hat sich in Beziehungen verändert, dass ich dort nicht mehr nach Glück suche und bis jetzt auch kein Leiden mehr fühlte. Es sind eigentlich weniger auffallende Veränderungen auf der äußeren Ebene als vielmehr diese innere Freiheit. Aber es erforderte die Bereitschaft, alles, wirklich alles diesem Selbst, der Essenz zu geben und die Angst zu durchschreiten, völlig ins Nichts zu fallen, einfach nackt zu sein. Obwohl alles hingegeben wurde, ist das meiste auf der äußeren Ebene unverändert geblieben.

Danke.

Was steht noch hinter deiner Frage? Was willst du wirklich wissen?

Ich weiß es nicht.

Willst du beruhigt werden, dass du keine Angst zu haben brauchst?

Ja, genau.

Es passierte nichts. Alles war nur Angst um nichts. So kann ich dich zwar einerseits beruhigen, und trotzdem kann ich dich bei der Suche nach einem bequemen Weg, bei dem Versuch nach Absicherung, nicht unterstützen. Stell dich dem Ungewissen, dem puren Sein. Es gibt keine Garantie.

Ja, das stimmt. Was kann ich nur tun?

Ehrlich mit dir sein, mit der Angst, der Unsicherheit, dem Nichts in die Augen schauen.

Ich muss mich da langsam annähern.

Kein Problem. Es gibt keine Bedingung. Auch nicht die: „Erst musst du ins Nichts springen, und dann kannst du frei und glücklich sein." Es ist jetzt möglich, genauso wie du bist. Es ist viel einfacher. Wir sitzen hier, sind miteinander, mehr nicht. Kein Unterschied zwischen dir und mir. Dasselbe Sein. Magst du mir deine Hände reichen?

Ja.

(Lange Stille)

Weißt du, ich wollte meine Frage zunächst nur aus Neugierde beantwortet haben und mich ansonsten unbeschadet heraushalten. Doch jetzt bin ich mittendrin und habe trotzdem keine Angst mehr. Ich bin einfach ruhig, obwohl ich etwas nervös und überrascht bin.

ALL-EINS

Wir sind alle die eine Quelle. Dennoch werden wir allein in diese Welt geboren und verlassen sie allein. Es gibt Bewusst- sein, das nur mit unserem Körper verbunden ist. Wir spüren unsere Zahnschmerzen – und nicht die eines anderen. Doch vermeiden wir nicht meist, uns dieses Alleinseins bewusst zu sein? Haben wir vielleicht Angst davor, allein zu sein und uns mit uns selbst konfrontiert zu sehen?

Manche Menschen, die allein leben, haben von morgens bis spät in die Nacht den Fernseher eingeschaltet. Sie schauen gar nicht hin. Sie wollen nur menschliche Stimmen hören und abgelenkt sein. Andere wiederum springen von einer Partner- schaft in die nächste oder leben nicht ihre innere Wahrheit, aus Angst davor, verlassen zu werden. Was fürchten wir im Allein- sein? Die meisten Menschen sind ihr Leben lang auf der Flucht davor, eine Leere zu fühlen, zu fühlen, was ist, wenn nichts mehr ist.

Auch wenn wir es nicht glauben können, im Nichts sind wir zu Hause. Es ist uns vertraut. Darin liegt kein Schrecken, nur die Freiheit unseres wahren Seins. Die Vorstellung an sich mag beängstigend sein, das direkte Erleben hingegen ist es nicht. In Wahrheit sind wir im Nichts geborgen. Was also, wenn wir uns dem Nichts stellen? Was, wenn wir uns an nichts mehr festhalten? Was, wenn uns sowohl die Leere als auch das Al- leinsein mehr Segen als Fluch sind?

Nicht umsonst gab und gibt es in fast allen Religionen auch die Anregung, Zeiten des Schweigens, des All-Ein(s)-Seins, des Rückzugs zu suchen. Wir müssen keiner Religion angehören, müssen nicht ins Kloster gehen, keine Fasten- und Schweigezeiten einlegen, um die Kraft der Stille und der Leere zu spüren, um frei von äußeren Ablenkungen dem Wesentlichen zu begegnen. Die Anstrengungen, die wir unternehmen, um dem All-Ein(s)-Sein zu entfliehen, können wir getrost ruhen lassen und uns dem Nichts stellen.

Wir veranstalten ein unglaubliches Theater, um das Nichts zu vermeiden. Was, wenn wir einfach springen und nichts passiert, sich vielmehr Frieden und Stille offenbaren?

Was ist und was bleibt, wenn alles, was euch wichtig ist, wenn alles, von dem ihr euch Glück, Liebe und Sicherheit versprecht, wegfällt? Das bezieht sich sowohl auf Menschen und Beziehungen als auch auf materielle Dinge und Identifizierungen. Lasst einmal zu, was ist, wenn wirklich nichts mehr bleibt, nichts mehr ist!

Nichts ist, nichts bleibt
Allein und losgelöst von allem
Allein und doch All-Eins
Jenseits aller Form und jenseits aller Zeit
Allein und doch geborgen im großen Ganzen

Egal mit wem und wo ihr seid
Allein und doch in allem
In der Essenz ruhend
Frei von Anhaftungen
Löst sich das Ich auf
Nichts ist, nichts bleibt.

Welche Gnade liegt im Zurücklassen der Anhaftungen, in der Hingabe an das All-Eins-Sein! Wenn die Verstrickungen gehen und nichts bleibt, kann Glückseligkeit durchstrahlen. Wir fallen ins Nichts, in grundloses Glück, in das, was wir sind, immer schon waren und sein werden. Da ist eine Fülle in der Leere, eine Freiheit im Nichts.

Wir können an allem, was in dieser Welt ist, anhaften: an Menschen, Aktivitäten, an einem Image, einer Rolle. Das Christentum, der Islam, der Buddhismus, alle Religionen haben erkannt, dass wir Menschen durch das Anhaften an Wünsche und Begierden gefangen sind. Sie haben auch erkannt, wie wir damit das Bewusstsein unserer Essenz vernebeln. Zeiten des Schweigens, Fastens oder der sexuellen Enthaltsamkeit können eine Hilfe sein, sich des Nichts, Gottes, des Namenlosen bewusst zu werden. Doch daraus sind auch menschliche Spiele um Schuld und Sühne entstanden. Dennoch bleibt, dass diesen Religionen dieselbe Erkenntnis zugrunde liegt: nicht an den äußeren Dingen, den Erscheinungen festzuhalten, sondern sich der Quelle dahinter bewusst zu sein.

Das bedeutet nicht, asketisch leben zu müssen. Es bezieht sich einzig auf die Bewusstwerdung der Vergänglichkeit aller Erscheinungen. Wir können dem Leben entsagen, nur von Brot und Wasser leben, keinen Sex und kein Geld haben und den ganzen Tag nur für andere da sein. Das allein sagt nichts über unser Bewusst-Sein aus. Vielmehr können wir dabei sehr lebensverneinend sein und an Verboten und Regeln festhalten. Es geht nicht um Zwang, sondern um die innere Freiheit, grundlos glücklich zu sein. Es ist alles nicht so ernst. Es geht nicht um das, was wir tun oder lassen sollten, nicht um die richtige äußere Form oder um Regeln, sondern um unser wahres Selbst.

Womit sich der Kreis schließt und wir bei der Quelle allen Seins angelangt sind. Da beginnt und endet alles. Grundloses Glück liegt hier. Sobald wir jedoch unseren Blick auf etwas richten, was wir zu brauchen glauben, um glücklich zu sein, leiden wir. Wenn wir zum Beispiel den Glaubenssatz haben, dass wir andere brauchen und das Alleinsein traurig ist, leiden wir. Schmerz entsteht nicht durch die Tatsache, dass wir allein sind, einzig der dementsprechende Glaubenssatz lässt uns leiden. Wenn wir uns einsam und verlassen fühlen, stellt sich die Frage, wo wir die Bewusstheit unserer inneren Vollständigkeit, das heißt uns selbst, verlassen haben. Anstatt im Bewusstsein der Quelle zu ruhen, richten wir unseren Blick auf andere, projizieren unsere innere Verlassenheit auf sie. Dann glauben wir, dass wir einsam und ausgeschlossen sind. Dabei schließen wir uns aus, trennen wir uns ab.

Im Gewahrsein der Vollständigkeit sind wir glücklich, ob wir allein oder mit anderen sind. Mit anderen Menschen zusammen zu sein macht uns noch nicht glücklich. Wir können uns dennoch einsam fühlen. Andererseits können wir allein und glücklich sein.

Seid euch jetzt des grundlosen Glücks gewahr, unabhängig von allen Menschen, die euch wichtig sind. Seid euch bewusst, wie ihr allein und dennoch All-Eins seid. Das Alleinsein und das All-Eins-Sein liegen so nah beieinander.

Fehlt irgendetwas Wichtiges, wenn nichts mehr ist? In Wahrheit fehlt nichts, ob wir allein oder mit jemandem sind. Das macht für das grundlose Glück keinen Unterschied.

Zum Schluss dieses Kapitels möchte ich euch eine kleine Geschichte erzählen.

Am Abend vor einem Seminar in Bozen ging ich allein in ein Restaurant. Ich hatte einen wunderschönen Platz gefunden, von dem aus ich das ganze Restaurant überblicken konnte, und genoss es einfach, dazusitzen. Am Tisch nebenan saß eine Familie mit Kindern und deren Freunden. Nach kurzer Zeit bemerkte der Mann der Familie, dass ich allein dort saß, und sagte zu mir: „Sie können sich zu uns setzen, dann sind sie nicht so allein." Seine Frau meinte auch: „Sie können wirklich gerne zu uns kommen." Ich antwortete: „Vielen Dank. Das ist sehr, sehr nett von Ihnen, aber ich sitze gern allein hier."

Nach einiger Zeit meldete sich der Mann erneut: „Das ist kein Problem, wir sind eine große Familie und das sind alles Freunde. Es ist doch nicht schön, so allein zu sitzen." Ich antwortete: „Für mich schon. Mir geht's wirklich gut, ich fühl mich sehr wohl hier."

Daraufhin sagte der Mann: „Mir wäre das sehr unangenehm. Ich hätte dazu keine Lust, und das Essen würde mir auch nicht schmecken. Aber für Sie ist das wirklich in Ordnung?"

Ich sagte: „Ja, total. Vielen Dank."

Seine Vorstellung schien zu sein: Allein, das bedeutet unglücklich und einsam zu sein.

Auf der anderen Seite des Raumes, im Restaurant integriert, machte der Pizzabäcker die Pizza und flirtete mich äußerst direkt an. Die Frau von einem gegenüberliegenden Tisch schaute mich mehrmals sehr giftig an. Ihre Vorstellung schien zu sein: Eine Frau allein, die soll die Finger von meinem Mann lassen. Dabei hatte ich den vorher noch nicht einmal registriert. Ich schmunzelte. Es war wie im Kino. Ich saß da absichtslos. Der einzige Wunsch war, etwas zu trinken und zu essen. Ich war weder einsam noch auf der Suche nach einem Mann.

Fragen und Antworten

1. Ich fühle mich oft einsam und anders als andere Menschen, irgendwie nicht dazugehörig und ausgeschlossen, selbst hier.

Ich habe oft beobachten können, wie wir uns selbst ausschließen, ohne das zu bemerken, und das dann verdrehen, als wollte die Welt uns nicht. Willst du überhaupt ganz hier sein? Oder hältst du dir immer noch eine Tür auf und bist nicht ganz mit den Füßen am Boden?

Ja, das trifft es sehr gut. Ich weiß oft nicht, wie ich mich entscheiden soll. Es ist, als würde ich feststecken. Manchmal habe ich das Gefühl, ich bin nicht ganz da. Das Leben zieht an mir vorbei. Die anderen leben ihr Leben, und ich bin wie unter einer Glasglocke.

Was ist, wenn die Glasglocke sich einfach auflöst, sogar überhaupt nicht existent ist?

Ich brauche sie doch! Ansonsten fühl ich mich so ungeschützt und verletzlich. Mit der Glasglocke fällt mein Schutz weg.

Ja, der Schutz für ein scheinbares, verletzliches Ich. Doch dahinter ruht das unzerstörbare Selbst. Wenn alles, wovor du Angst hast, geschieht und wenn das, was dir wichtig ist, bedroht und zerstört wird, bleibt pures Sein, das wahre Selbst. Ich kann deine Angst mitfühlen und dennoch ist es ein Segen, wenn die Illusionen, die scheinbaren Sicherheiten zerstört werden und nichts bleibt, woran wir uns festhalten können. In dieser Unsicherheit, dieser nackten Unschuld liegt eine unvergleichbare Sicherheit, schutzlos und doch geschützt. Das Leben ruft. Du musst mir nichts glauben. Probier einfach aus, was ist, wenn du direkt im Leben bist und die Glasglocke nicht existent ist.

2. Ich vermisse meine Mutter, die vor vier Jahren gestorben ist. Wir haben zusammengelebt und hatten eine besondere Verbindung. Ich habe keinen Mann, keine eigene Familie. Seit meine Mutter tot ist, komme ich nicht mehr wirklich auf die Füße. Das Leben erscheint mir manchmal sinnlos. Ich glaube, unbewusst wäre ich gar nicht böse, wenn ich ihr folgen könnte. Es ist, als wäre etwas von mir mit ihr gegangen. Trotzdem bin ich noch da und meine Zeit ist noch nicht gekommen. Ich weiß nicht, was ich tun soll.

Doch, du weißt, um was es wirklich geht.

Ja, ich glaube, es geht um das, was du vorher schon einmal allgemein gesagt hast und was mich sehr angesprochen hat: ‚Die Vollständigkeit des Glücks in mir.‘ Ich fühle mich ohne meine Mutter nicht vollständig und habe sie nicht losgelassen. Das ging mir auch bei der Übung mit den Glaubenssätzen so. Einer meiner Sätze war: ‚Ich wäre glücklicher, wenn meine Mutter noch leben würde.‘ Je öfter ich den Satz wiederholte und die Antwort von meinem Übungspartner hörte: ‚Was hat das mit deinem Glück jetzt zu tun?‘, spürte ich eine Entlastung. Und doch ist der Glaube so tief, dass es zwar im Laufe der Übung leichter wurde, aber da sitzt noch was fest. Andere Überzeugungen lösten sich mit der Übung so schnell auf, obwohl ich das vorher nicht für möglich gehalten hätte. Das ging so leicht. Über manches musste ich schon nach kurzer Zeit schmunzeln. Aber dieser

Glaubenssatz mit meiner Mutter sitzt tief. Ich kann sie nicht loslassen.

Wir können nichts erzwingen, das Loslassen schon gar nicht. Sieh es spielerisch. Du musst den Satz nicht wirklich loswerden. Schließe einmal deine Augen. Da ist vielleicht dieser Glaubenssatz, den lassen wir einfach mal so stehen. Dann geh tiefer. Inmitten, unterhalb und jenseits dieses Glaubens, dieses Schmerzes, da ist Frieden und Stille.

Ja, das spür ich, eigentlich ist da nichts. Ich spür eine eigenartige Ruhe. Doch dann kommt ganz schnell wieder das Gefühl: Meine Mutter fehlt mir.

Okay, wenn der Gedanke ‚Meine Mutter fehlt mir' kommt, mach nichts damit. Spring nicht auf, schieb ihn auch nicht weg. Lass ihn da sein, aber bleib mit der Aufmerksamkeit da, wo nichts ist. Auch Gedanken und Glaubenssätze können den Frieden, die Stille nicht stören, wenn wir ihnen keine Energie geben. Sie kommen und gehen nur.

Das ist ja wohl einzigartig! Diese eigenartige Ruhe bleibt. Da ist alles gut. Ich vermisse nichts. Obwohl der Gedanke ‚Ich vermisse meine Mutter' noch auftaucht, vermisse ich gar nichts. Das ist nur mein gewohntes Gefühl. Es gibt trotzdem eine Art Vollständigkeit. Das hab ich gar nicht für möglich gehalten. Danke. Ich weiß jetzt wirklich, da ist noch mehr als mein Schmerz. Irgendwie wartet das ‚Zuhause' auf mich hinter allem.

Das ist der Punkt. Und vor allem: Du und dein Zuhause sind eins.

Es ist angenehm ruhig und geborgen. Aber was mache ich, wenn dieses alte Gefühl mich wieder verfolgt?

Dasselbe wie jetzt: Den Gedanken, das Gefühl da sein lassen, nichts damit machen und die Aufmerksamkeit auf die Essenz lenken – genau das, was du jetzt erfahren hast. Aber mach dir jetzt darüber keine Gedanken. Lock den Satz nicht jetzt schon wieder hervor. Genieß einfach das Jetzt.

So lange wünsche ich mir das schon. Es ist so angenehm, und trotzdem lege ich schon wieder mit dem Alten los.

Kein Problem. Macht gar nichts. Es ist menschlich. Halte deine Augen noch geschlossen, ruh einfach ‚in dem Zuhause', wie du es nennst.

3. Ich bin eigentlich immer auf der Suche nach einem Mann, ich bin einfach glücklicher mit einem Mann.

Warst du schon einmal in einer Beziehung?

Ja, klar, ich hatte schon mehrere. Ich war auch schon einmal verheiratet.

Und warst du wirklich glücklicher, nur weil du einen Partner hattest?

Nein, überhaupt nicht. Das war meist das reinste Chaos.

Dann kannst du ja nicht einmal deinen eigenen Glaubenssatz bestätigen, dass du mit einem Mann glücklicher bist.

Nein, überhaupt nicht, im Gegenteil. Eigentlich bin ich zentrierter geworden, seit ich allein bin. Trotzdem fehlt ein Mann in meinem Leben, halt der Richtige.

Solange du so vehement an dem Glauben festhältst, mit einem Mann wärst du glücklicher, kannst du jetzt nicht vollständig glücklich sein. Dabei zeigt die Realität sogar, dass es dir besser geht als in früheren Zeiten.

Ja, total. Aber das wäre halt die Sahnehaube.

Das wissen wir nicht. Dein Wunsch nach einem Partner mag verständlich sein. Aber das heißt nicht, dass du erst dann vollständig glücklich sein kannst, wenn er sich erfüllt hat. Dann kommen die nächsten Herausforderungen. Wirklich, du kannst es jetzt sein oder nie. Willst du glücklich sein, dann glaub diesem Satz nicht. Du konntest ja selbst schon sehen, wie absurd er ist. Irgendetwas würdest du immer finden, was nicht richtig ist oder du noch brauchst, um vollständig glücklich zu sein. Dann gibt es vielleicht eine neue Suche nach einer Sahnehaube.

Ich habe genau dasselbe Spiel oft beobachtet. Eine Frau sagte einmal zu mir dasselbe wie du. Nach ein paar Jahren fand sie dann wirklich einen Mann, genauso einen, wie sie ihn sich gewünscht hatte. Großzügig, wohlhabend, spirituellen Themen gegenüber aufgeschlossen, ruhig und besonnen und sie über alles liebend. Doch dann passte ihr dieses und jenes wieder nicht. Sie bemerkte nicht einmal, dass ihr Wunsch in Erfüllung gegangen und sie genauso unzufrieden wie vorher war. So funktioniert unsere menschliche Psyche. Das ist nicht ungewöhnlich. Das kennen wir wohl alle in der einen oder anderen Variante.

Aber im Laufe der Zeit können wir dieses Spiel erkennen und durchschauen, ihm nicht mehr auf den Leim gehen und uns erinnern, dass grundloses Glück jetzt ist. Für mich gibt es kein Argument, warum du jetzt nicht frei und glücklich sein kannst.

Du ziehst mir irgendwie den Boden weg. Ich weiß gar nicht mehr, was ich sagen soll. Ich bin sprachlos. Ich kann mich an nichts mehr festhalten.

Gut.

Gut findest du das? Ich finde das gar nicht gut. Ich fühl mich unsicher.

Gib dem eine Chance, dass da nichts mehr ist, woran du dich festhältst, kein Argument mehr, warum du nicht glücklich sein kannst.

Aber das ist so radikal. Ich bin wirklich unsicher. Es fällt alles weg.

Ja, meine Liebe. Du darfst einfach unsicher sein.

Ich fühle mich befreit und wie ein Kind, das gerade erst gehen lernt.

4. Ich habe die Nase voll. Ich treffe immer auf verheiratete Männer. Ich mag nicht mehr und trotzdem wiederholt es sich. Wie kann ich das unterbrechen? Ich bin wieder mit einem zusammen. Manchmal denke ich, ich muss das durchstehen und eine Liebe ohne Besitz akzeptieren und lernen, auch so glücklich zu sein.

Was willst du wirklich?

Eigentlich würde ich gerne gehen, das Ganze beenden. Aber dann verpasse ich doch meine Lernaufgabe, diese Situation mit ihm zu meistern.

Wer sagt das? Du hast selbst mehrmals gesagt: ‚Eigentlich würde ich gerne gehen', ‚Eigentlich mag ich nicht

mehr'. Und dann folgt sofort eine schlaue spirituelle Erklärung. Schau, was dein Herz in der Tiefe sagt! Es geht nicht um Sätze wie ‚Ich muss bedingungslose Liebe lernen und diese Situation meistern'. Auch wenn sie Wahrheit beinhalten mögen. Vielleicht musst du aber einfach nur gehen. Was ist wirklich wahr, unabhängig von irgendwelchen spirituellen Erklärungen?

Ja, aber ich bin eifersüchtig, wenn er mit seiner Frau ist. Da müsste ich doch lernen, bei ihm zu bleiben und nicht mehr eifersüchtig, sondern unabhängiger von ihm zu sein.

Das ist alles Theorie. Ja, du bist manchmal eifersüchtig, okay. Ich habe noch keine Antwort gehört: Was sagt dein Herz?

Eigentlich möchte ich das schon lange beenden.

Was ist, wenn du das ‚eigentlich' weglässt? Sag den Satz mal ohne ‚eigentlich'.

Ich möchte diese Beziehung beenden. Ja, da fühl ich mich gleich erwachsener und kraftvoller, nicht mehr so hilflos. Ich möchte mit einem Mann sein, der frei ist und nicht immer wieder andere Frauen hat. Das schmerzt mich. Ich kann das nicht so wegstecken.

Das musst du auch nicht.

Ja? Aber, ich komm mir so besitzergreifend, eifersüchtig und abhängig vor.

Und selbst wenn du es bist, es ist Zeit, ehrlich zu sein, zu deinen Gefühlen zu stehen und zu dem, wie du bist, und dich nicht damit zu quälen, wie du eigentlich und besser sein solltest.

Es war hart, immer darauf zu warten, dass mein Partner mal Zeit für mich hatte, und zu beobachten, ob und wie wichtig ich ihm bin. Ich habe mich immer zurückgehalten und versucht, mir nichts anmerken zu lassen. Ich habe insgeheim immer gehofft, dass er sich scheiden lassen würde. Mein Freund davor hatte zwar keine Frau, ist aber laufend fremdgegangen. Es ist im Prinzip dasselbe Muster. Ich kenne das schon von meinem Vater, der war auch nie wirklich da. Da hatte ich auch das Gefühl: Hoffentlich bin ich wichtig genug, hoffentlich liebt er mich und verbringt mal etwas Zeit mit mir. Ja, ich mag nicht mehr.

Du brauchst nicht um Liebe und Anerkennung zu kämpfen.

Dann habe ich das auch noch mit ‚Selbstlosigkeit lernen' in Verbindung gebracht. Da hab ich mich, glaube ich, in etwas verrannt. Es ist gut zu fühlen, dass ich okay bin und zu mir stehen kann.

Die Liebe, die du dir die ganze Zeit erhofft und um die du gekämpft hast, ist dein Sein, dein Selbst. Schließe jetzt deine Augen und spür das. Gib der Liebe in dir, deinem wahren Selbst eine Chance. Das ist wirklich bedeutsam, und ob du mit oder ohne diesen Mann leben sollst, wird dann das Leben zeigen.

Danke. Du hast mir sehr geholfen, das hatte mich lange gequält.

EINFACH SEIN, WIE DU BIST

Unsere eigenen Ansprüche und die Angst davor, was andere von uns denken und wie sie uns beurteilen könnten, lassen uns oft anders und nicht einfach so sein, wie wir sind. Es bestehen Zweifel darüber, wer wir sind und wie viel wir wert sind. Es ist, als müssten wir unseren Wert immer wieder neu definieren und ihn neu verdienen. Dabei sind wir weder etwas wert noch nicht wert. Wir sind einfach nur!

Wenn wir uns bemühen, anerkannt zu sein, vergessen wir die Souveränität unseres wahren Seins. Was, wenn es für das grundlose Glück bedeutungslos ist, ob wir intelligent, beliebt und erfolgreich sind und wie wir und andere uns beurteilen? Unabhängig von all dem sind wir im Sein geborgen. Sobald unsere Bewertungen ausschlaggebend dafür sind, ob wir uns glücklich und geliebt fühlen, geraten wir in Teufels Küche. Dem zugrunde liegen Unsicherheit und vor allem mangelndes Bewusstsein unserer Essenz. Das Theater um den eigenen Wert und darum, geliebt und beachtet zu werden, ja überhaupt jemand zu sein, ist für das grundlose Glück unerheblich. Es nimmt keine Bewertung unseres Seins vor, keine Aufwertung oder Abwertung eines Menschen oder Lebewesens. In grundlosem Glück verliert das Spiel mit der Anerkennung und dem Wert seine Bedeutung. Inmitten dieser Spiele aber gibt es keine Ruhe. Und so sind wir meist von der Angst begleitet, Wertschätzung nicht zu bekommen oder sie nicht halten zu können.

Dabei dreht sich alles immer nur um ein vermeintliches Ego: ein aufgeblähtes, aufgewertetes oder ein sich minderwertig und ungeliebt fühlendes. Der Versuch, unser Ich aufzupolieren, um den inneren Mangel zu übertünchen, hilft genauso wenig wie die scheinbare Bescheidenheit, uns abzuwerten und klein zu machen. Beides entspringt einer Ich-Identifizierung. Jede Zuordnung ist zu subjektiv und beschränkt, um etwas über unseren wahren Wert aussagen zu können. Auch das viel zitierte gute Selbstwertgefühl, das meist als Grundlage für das Glück gesehen wird, spielt keine wirklich bedeutende Rolle. Grundloses Glück liegt jenseits einer Ich-Bewertung. Manche Menschen scheinen sehr überzeugt von sich zu sein und ihren Selbstwert aus bestimmten Fähigkeiten und aus beruflichem Erfolg zu beziehen. Trotzdem sind sie nicht frei und haben Probleme, sobald sie ihre Identifizierung, erfolgreich zu sein, durch beruflichen Misserfolg infrage gestellt sehen.

Wir brauchen nur die Geschichten einiger Stars genauer zu betrachten. Manche Musiker oder Sportler sind von heute auf morgen berühmt geworden und verdienen Millionen. Oft bleibt es aber bei 2 bis 3 Hits oder wenigen Jahren sportlichen Erfolgs auf dem Höhepunkt ihrer Karriere. Und selbst wenn der Erfolg andauert, lastet der Druck auf ihnen, ihn halten oder übertreffen zu müssen, sobald sie ihren Selbstwert daraus beziehen. Darüber hinaus gibt es kaum Zeit und Muße, diese Zeit wirklich zu genießen. Was, wenn der berufliche Höhepunkt bereits Mitte zwanzig eintritt und diese Erfolgreichen danach von der Bildfläche verschwinden? Viele werden depressiv, abhängig von Suchtmitteln oder von Anerkennung. Das ein oder andere Drama lässt vermuten, dass nicht alles Gold ist, was glänzt und erstrebenswert aussieht. Die Identifizierung mit irgendetwas, besonders mit Erfolg, steht auf wackeligen Füßen. Wir sind weder gut bzw. wertvoll, wenn wir erfolgreich sind, noch schlecht, wenn wir es nicht sind. Es stellt sich die Frage: Wann sind wir erfolgreich, wann nicht? Auch das ist relativ und nur von der Sichtweise abhängig.

Heute sehe ich die Jahre in meinem Leben, als es mir sehr schlecht ging und ich keinen Sinn mehr im Leben sah, die Schule schmiss und „auf ganzer Linie versagte", mit anderen Augen. Oberflächlich betrachtet sah es nach Versagen aus. Welche unbeschreibliche Qual war es, jeden Tag mit dem Gefühl aufzuwachen: „Wie lange halte ich diesen unsagbaren Schmerz, dieses Leiden, diesen Kampf im Inneren noch aus – ich will nicht mehr weiterleben!" Wenn überhaupt, ziehe ich vor dieser Zeit den Hut. Doch auch diese Zeit hatte nichts Heroisches, war nicht mehr als eine Erfahrung. Als ich später, mit weltlichen Augen betrachtet, erfolgreich war, die Bücher sich verkauften, als es glänzte und es viel Resonanz gab, war alles sehr viel leichter. Ist das dann Erfolg? Ich hatte nicht das Gefühl: „Ich bin erfolgreich." Es geschah etwas, aber ich war davon losgelöst, frei von Erfolg, von einem Wert.

Was ist Erfolg? Wer ist erfolgreich? Niemand. Nichts ist persönlich. Wer sich nicht mit Erfolg identifiziert, seinen Selbstwert nicht aus irgendetwas bezieht, kann unbeschwert leben, seine Arbeit tun, hat keine Angst, etwas zu verlieren oder nicht zu bekommen. Unser Sein wird nicht bewertet. Wenn aber unser Ich und der Erfolg darüber entscheiden, wer wir sind, haben wir ein Problem. Das gilt nicht nur für Stars, sondern für jeden von uns. Auch für das Bestreben, eine gute Mutter, spirituell weit entwickelt, überhaupt auf die ein oder andere Art und Weise gut und erfolgreich sein zu wollen.

Sobald eine Identifizierung stattfindet und das Selbstwertgefühl daraus bezogen wird, sitzt der Mensch in der Falle und leidet. Ein guter Selbstwert wird meist denen bescheinigt, die sehr überzeugt von sich sind, sich gern in der Öffentlichkeit präsentieren, eher dominant und nicht schüchtern sind. Das muss aber nichts mit wahrem Selbst-Bewusstsein zu tun haben, sondern kann Ausdruck einer persönlichen Prägung oder eines künstlich aufgewerteten Ichs sein. Das steht jedoch auf wackeligen Füßen, weil es keiner natürlichen Balance entspringt. Wahres Selbst-Bewusstsein ist vielmehr das Bewusstsein des ewigen, unsterblichen Selbst. Wir verwechseln das meist mit einem aufgeblähten Ich. Die Existenz des Ichs, die Ich-Identifizierung, stellen wir hingegen nicht infrage, obwohl darin die Probleme begründet liegen.

Was aber, wenn dieses Ich, das wir für so bedeutungsvoll halten, *nichts* ist? Was, wenn dieses Ich zerfällt im großen Ganzen, im grundlosen Glück? Es ist nicht existent, außer in unseren Vorstellungen und Gedanken. Darum hilft es auch nichts, gegen ein Ego zu kämpfen. Gegen wen oder was wollen wir ankämpfen, wenn da nichts ist? Gerade das Bestreben, das Ego zu überwinden, wird zum Hindernis. Nur ein neues Spiel, ein neues Ziel, mit dem Titel „Erst Ego überwinden, dann glücklich sein". Ein nur scheinbar existierendes Ego überwinden zu wollen, ist absurd.

Was interessieren uns spirituelle oder religiöse Erklärungen über das Ego, wenn wir hier und jetzt einfach glücklich sind? Das Spiel um die Aufgabe unseres Egos kann zu spiritueller Arroganz und zu der Identifizierung führen, ein besonders spirituelles, nämlich ein egoloses Ich zu sein. Auf der anderen Seite erzeugt das Thema Ego oft das Gefühl, nicht gut und spirituell genug zu sein. Wenn ein Gefühl von Eifersucht erscheint, eine Sehnsucht nach Anerkennung und Lob, ist das menschlich, wir brauchen nichts drüberzukleistern. Wir können das spüren und gleichzeitig in der uns innewohnenden Essenz, in grundlosem Glück ruhen.

Die Zuordnung in Ego und Nicht-Ego, auch in diesem Buch, ist eigentlich ein Witz. Was ist Ego und was nicht? Das ist auch relativ. Es ist ein Segen, wenn alle Bilder und Identifikationen infrage gestellt sind, wir nichts mehr wissen, gleichzeitig aber alles möglich ist. Dann kann die Essenz ungehindert erstrahlen, ein tiefer Frieden in uns gegenwärtig sein. Wenn alles wegfällt und gleichzeitig alles möglich ist, eröffnet sich grundloses Glück. Mit unseren Identifizierungen stehen wir uns meist selbst im Wege.

Wie oft schon platzten die Bilder, die wir uns von uns selbst und dem Leben gemacht haben, wie Seifenblasen! Jegliches Bild, jegliche Zuordnung ist nur ein Ausschnitt und viel zu beschränkt, um das Unendliche, das Namenlose, das wir sind, zu erfassen. In einem Moment betrachten wir uns und die Welt aus einem Blickwinkel, im nächsten schon aus einem ganz anderen. Wir sind jenseits unserer Identifizierungen allumfassend.

Nur weil wir Kontrolle haben wollen, versuchen wir, alles einschließlich uns selbst zu definieren und einzuordnen. Das sorgt eher für Verwirrung, als dass es wirklich hilfreich wäre. Denn wir finden viele Antworten und doch keine wirklichen. Alle Antworten liegen in unserer Essenz. Ruhen wir darin, versiegen die Fragen. Eine natürliche Klarheit, eine innere Gewissheit geschieht.

Unklarheit und Verwirrung entspringen dem Gefangensein in Gedanken und einer damit verbundenen mangelnden Präsenz im gegenwärtigen Moment. Wenn wir mit unseren Vorstellungen beschäftigt sind, übersehen wir, was sich ganz natürlich von selbst ergibt. Wenn ihr nichts mehr wisst und verunsichert seid, haltet inne, schenkt eure Aufmerksamkeit nicht mehr euren Gedanken, sondern dem gegenwärtigen Moment und dem euch innewohnenden Glück. Wem das schwerfällt, kann in Frieden damit sein, dass die Gedanken kreisen und er verunsichert ist. Manchmal ist das einfach so. Selbst Verunsicherung und kreisende Gedanken können grundloses Glück nicht zum Erlöschen bringen. Wir müssen dagegen nicht ankämpfen. Wir können selbst dann, ja einfach immer, in unserer wahren Essenz ruhen.

Stattdessen identifizieren wir uns mit bestimmten Aspekten und Rollen. Dabei sind wir viel mehr als der Ehemann oder die Ehefrau, der Vater, die Mutter oder die attraktive Geliebte, der Versager, die engagierte Lehrerin oder der erfolgreiche Topmanager. Unser Sein geht weit darüber hinaus. Wer sind wir? Wir können unser Sein nicht wirklich definieren. Sollte ich es in Worte fassen, würde ich es am ehesten mit „in allem und doch nichts sein" bezeichnen. Doch auch diese Worte sind unzureichend und nicht die letztendliche allumfassende Wahrheit.

Das fängt schon bei ganz einfachen Zuordnungen an. Was sind wir, was nicht? Manchmal sind wir wild, dann sanft und zärtlich, mal distanziert, dann überfließend, traurig oder freudig, ernsthaft oder lustig, geduldig oder zickig. Wie sollen wir uns endgültig definieren? Wo beginnen wir, wo hören wir auf?

Es stellt sich unweigerlich auch die Frage: Wer oder was ist überhaupt dieses Ich, das sich definiert? Unser Glück ist jenseits einer Definition und jenseits all unserer Rollen und Identifizierungen. Das Festhalten an bestimmten Identifizierungen und Rollen erzeugt Enge. So vieles kann sich nicht frei entfalten, weil wir uns auf das reduzieren, was in unser vertrautes Rollenverständnis passt. *Seien* wir doch einfach nur, ohne alles wissen, bewerten und in ein Schema pressen zu müssen. Auch grundloses Glück ist einfach da, nur weil wir sind. Wir müssen dazu nicht auf eine bestimmte Art sein oder erst etwas Bestimmtes werden. Folgen wir aber einem Konzept, wer wir sind, wie wir zu sein, zu fühlen und zu handeln haben, entsteht eine Spannung zwischen dem, was wahrhaftig in uns ist, und dem, was wir glauben sein zu müssen. Wir sind dann innerlich gespalten, was auch zu Entscheidungsschwierigkeiten, Unruhe und Unsicherheit führen kann.

Dieser Kampf zwischen dem, was wirklich ist, und dem, wie wir glauben sein zu müssen, verhindert, jetzt einfach nur glücklich zu sein.

Wenn wir uns anders verhalten, als wir wirklich fühlen, sind wir auch im Kontakt mit anderen unverständlich und nicht greifbar. Es wird kompliziert, wenn wir mehrere Botschaften gleichzeitig aussenden: was wir vorgeben zu sein und das, was wirklich ist. Auf einem solchen Boden gedeihen Missverständnisse. Haben wir den Mut, wahrhaftig zu sein! Uns passiert nichts. Unser Selbst ist anders als der Körper und das scheinbare Ich, ewig und unzerstörbar. Es gibt keine größere Sicherheit als die Geborgenheit, das Aufgehen in dem einen Selbst. Welch Frieden, wenn wir einfach nur sind, anstatt uns in Konzepte einer scheinbaren Normalität zu pressen!

Nicht, dass plötzlich alles anders wäre, aber wir selbst sehen die Welt dann mit anderen Augen. Ich möchte euch immer wieder unterstützen, so wie ihr jetzt seid, in Frieden und ganz präsent zu sein. Lasst die innere Flamme, die Vollkommenheit, die in eurem Sein liegt, sich entfalten. Wir brauchen uns nicht zu verleugnen, nicht auf Bestätigung und Liebe zu warten.

Wir selbst zu sein, das sagt allerdings nichts darüber aus, was und wie wir sein müssen. Wir sind einfach, wie wir gerade sind. Auf diesem Nährboden können absichtslos, spielerisch und entspannt unsere Fähigkeiten zur Entfaltung kommen. Nicht, dass wir alle Genies sein müssten. Wir haben mit unserer natürlichen, individuellen Art, Mensch zu sein, dieser Welt etwas zu geben. Wir sind Menschen. Was sollen wir anderes sein als Menschen? Soll der Baum etwas anderes als Baum sein? Ist er falsch, weil er Baum ist? Soll es etwa ein Fehler sein, wenn wir menschlich sind? Das Leben fragt nicht nach etwas Bestimmtem, sondern nur nach unserer individuellen Art zu sein. Wir können unser „da Sein" mit nichts und niemandem vergleichen, dazu ist es zu einzigartig. Es wäre schade, wenn wir uns selbst zu einem gängigen, angepassten, pflegeleichten Menschenmodell zu formen versuchten. Das funktioniert nicht und ist gegen unsere Natur.

Lassen wir die Weisheit des Lebens durch unser Leben selbst ihren Ausdruck finden. Sobald wir einer fixen Idee über uns und unser Leben folgen, übersehen wir, was hier und jetzt ganz natürlich auf uns wartet. Wie oft geschieht etwas, was wir nie für möglich gehalten hätten. Lassen wir offen, in diesem Moment ganz anders sein zu können, als wir in einem vergangenen waren oder in einem zukünftigen sein werden. Zu sein, wie wir sind, bedeutet Freiheit. Wir müssen nicht mehr im Gefängnis unserer Konzepte und Erwartungen gefangen sein. Es gibt keine Regel, wie wir zu sein haben, um glücklich zu sein. Unsere Wege sind individuell. Auch euer Weg der Bewusstwerdung ist anders als meiner. Vertraut euch der inneren Wahrheit an. Je mehr wir uns dem inneren Fluss hingeben, desto freier, zufriedener und glücklicher sind wir.

Wir müssen deshalb nicht jedes Gefühl und jeden Gedanken ausdrücken. In der inneren Wahrhaftigkeit ist willkommen, was immer erscheint, mag es Schweigen oder Reden, Handlung oder Nichtstun sein. Spürt die Freiheit, ihr selbst zu sein, wie immer das genau aussieht und beurteilt wird. Wen interessiert das überhaupt? Geben wir die Macht unserem natürlichen Sein, nicht unseren Urteilen und Bewertungen! Feiern wir das Leben!

Wir sind willkommen mit unserem Menschsein
und unseren Eigenarten.

Wir sind willkommen, einfach nur zu sein,
nicht erst etwas werden zu müssen.

Wir sind willkommen, wir selbst zu sein.

Wir sind willkommen, glücklich zu sein.

Grundlos glücklich, jetzt.

Fragen und Antworten

1. ‚Einfach sein‘, wie auch der Titel deines Kartenspiels lautet, das klingt so leicht. Aber wir müssen uns doch bemühen, besser zu werden! Das kann doch nicht heißen, uns auszuruhen und uns nicht weiterzuentwickeln. Ich muss immer in Bewegung sein und etwas tun. Es macht mich verrückt, wenn alles in Ordnung ist, wie es ist. Da komm ich unter Druck. Ja, sollen wir dann alle nur noch die Beine hochlegen?

Du verwechselst und vermischst da etwas. Das sind ganz verschiedene Ebenen. Natürlich ist, wie du sagst, eine Komponente des Menschseins Evolution, Weiterentwicklung und auch die Bemühung, Verbesserungen zu erzielen. Auch auf der persönlichen Ebene geschieht bei uns allen Lernen, Entwicklung, Vertiefung. Das ist so, und das ist wundervoll. Der Punkt ist nur, dass unsere Essenz, die Vollkommenheit des Selbst, jetzt schon ist, unabhängig von der zeitlichen Ebene der Entwicklung. An der Menschlichkeit rumzupolieren, um irgendwann einmal perfekt und glücklich sein zu können, bringt kein Ende in Sicht. Das Glück ist jetzt. Im Sein zu ruhen ist auch nicht gleichbedeutend damit, immer still sitzen zu müssen, nichts zu tun und passiv zu sein. In der Hingabe kann Tun und Nicht-Tun geschehen. Es geht nicht um die äußere Ebene.

Ich glaube, ich verstehe das jetzt etwas besser. Ich dachte an die 68er Bewegung, an Faulheit und Leute, die sich immer aus der Verantwortung ziehen. Mein Exmann hatte diese Nummer drauf. Das hat mich zur Weißglut gebracht. Das fühlt sich für mich nicht gesund an. Du selbst wirkst überhaupt nicht so, im Gegenteil. Aber bei

deinen Worten lief gleich dieser Film mit meinem
Exmann ab. Ich bin das totale Gegenteil. Ich arbeite sehr
viel, viel zu viel, sehne mich aber nach Ruhe, übernehme
oft zu viel Verantwortung und habe dann aber auch
phasenweise totale Erschöpfungsgefühle.

Wovor hast du Angst? Vor Ruhe und Hingabe?

Ja, eigentlich sehne ich mich nach Ruhe, doch gleichzei-
tig mache ich alles, damit ich nicht zur Ruhe komme.
Ich habe Angst vor Ruhe und Stillstand. Alle, die eher
langsam und sehr lässig sind, regen mich schnell auf, die
würde ich am liebsten anschieben. Ich will etwas tun
und bewegen in dieser Welt. Aber irgendwie habe ich
das Gefühl, das kann auch noch anders gehen, leichter,
glücklicher, ohne Erschöpfungszustände oder unter stän-
diger Spannung zu sein. Eine Freundin sagte mir, ich sol-
le mal zum Entspannungstraining gehen, zum Yoga oder
zur Meditation. Aber das ist alles nicht meins. Deswe-
gen bin ich auch hier: einfach nur bodenständig zu sein
und zu leben. Für mich waren Gott und das Leben nie
getrennt. Jedenfalls fühle ich mich hier am richtigen Ort.
Ich bin gespannt, was noch alles mit mir hier so ge-
schieht.

Ich auch.

2. Ich habe ein Problem mit dem Ego. Ich habe das Ge-
fühl, es nie überwinden zu können. Ich bemühe mich
schon immer, nicht egoistisch zu sein, aus dem Ego aus-
zutreten, und doch fühle ich mich nicht wirklich frei. Ich
habe immer noch irgendein Thema damit.

Das Ego ist in spirituellen Kreisen meist negativ besetzt.
Es ist etwas, was man nicht haben darf, was schlecht
ist. Dabei ist es unsinnig, einen Kampf mit dem Ego zu

führen. Es ist dazu nicht bedeutsam genug und letztendlich sowieso nicht existent. Nur auf der Ebene des Dualen, wo es ein Ich und ein Du gibt, scheint es auch ein Ego zu geben. Im Bewusstsein grundlosen Glücks ist alles All-Eins. Dieses scheinbare Ego kann nicht verhindern, was du bist. Je mehr wir mit diesem Ego kämpfen, desto stärker bewegen wir uns in den Gedankenspielchen des Selbstwertes, verbunden mit Auf- und Abwertung. Welch einen Stress erzeugt doch die Vorstellung „Ich muss das Ego überwinden"! Dieser Gedanke an sich ist schon die Falle der Unfreiheit. Kümmere dich nicht darum. Freiheit liegt jenseits von Ego und Egolosigkeit. Mach dich nicht verrückt. Leb einfach und lass das zu, was du vermeidest!

Manche Menschen sagen: Du musst erst ein Ego haben, damit du es hingeben kannst. Ich habe mich weder um den Auf- noch um den Abbau eines Egos bewusst gekümmert. Das hat mich nicht interessiert. Am Ende geschah etwas von selbst, jenseits von Ego und Egolosigkeit.

Bleib einfach beim Naheliegenden. Was immer erscheint, auch so genannte „Egogefühle und -gedanken", willkommen zu heißen, bringt nach meinem Empfinden mehr Freiheit als der absurde Sport mit der Egolosigkeit. Der führt schnell zur Unwahrheit und dazu, heiliger sein zu wollen, als wir es sind, zu einer Pseudo- und Scheinheiligkeit. Die lässt uns oft eher grausam sein. Unser natürliches Sein ist mit all seiner Menschlichkeit von selbst ganz und heilig. Daran brauchen wir nicht künstlich rumzupolieren. Das ganze Theater mit dem Ego bringt oft das Schuldigsein ins Spiel, spaltet, bewirkt bei vielen Menschen Stress und das Empfinden, nicht echt zu sein.

Du passt überhaupt nicht in mein Bild. Das hat mich am Anfang sehr irritiert. Langsam gewöhne ich mich daran. Du hast so viel Leichtigkeit. Auch wenn mein Verstand verwirrt ist, machst du mir wirklich Mut, mit dem ständigen Bemühen um Egolosigkeit aufzuhören. Das war wirklich schon in Stress ausgeartet.

Ja, die Suche nach dem Glück, nach spiritueller Bewusstheit, kann genauso zum Stress werden wie die Bemühungen anderer Menschen um Erfolg, Reichtum und Anerkennung. Es ist Quatsch, dass du frei sein musst von einem scheinbaren Ego, um glücklich zu sein. Es ist nichts. Das Glück ist jetzt, dir fehlt nichts, um glücklich zu sein.

DIE DUNKLE NACHT

Wer hat nicht im Laufe seines Lebens Zeiten der Finsternis erfahren, in denen es kein Licht am Horizont zu geben scheint? Wer kennt nicht das Gefühl, von Gott und der Welt verlassen zu sein? Einige Menschen erleben kurze, andere längere Zeiten der Dunkelheit. Auffällig ist, dass vor allem Menschen, die im wahren Selbst ruhen, Zeiten intensiven inneren Leidens durchschritten haben. Es ist, als würde gerade das Durchschreiten der Finsternis uns von allem Äußeren weg zum Wesentlichen führen können.

Wenn alles nicht mehr zu helfen scheint und sich die dunkle Nacht über uns ausbreitet, kann auch die Bereitschaft geschehen, innerlich alles hinter uns zu lassen und uns der Essenz, dem Wesentlichen hinzugeben. Den meisten Menschen bereitet es keine Probleme, wenn sich die Welle des Lebens scheinbar aufwärts bewegt. Doch fällt es vielen schwer in sich zu ruhen, wenn sie sich abwärts zu bewegen scheint. Viele kennen das Erstrahlen grundlosen Glücks, erleben es aber nicht durchgängig. Es scheint ein Kommen und Gehen zu sein, so als würde sich immer wieder ein Schleier über das grundlose Glück legen.

Genau darin liegt die Illusion. Es ist immer, selbst dann, wenn wir uns dessen nicht bewusst sind. Es ist durchgängig. Egal was ist, grundloses Glück kommt nicht, geht nicht, es ist unser Sein. Es scheint nur so, als würde es in der Dunkelheit verschwinden. Das geschieht dann, wenn wir erwarten, immer nur strahlend und voller überfließender Liebe und Glück zu sein. Die Leere, die Dunkelheit wirkt dann störend. Dabei ist, egal was auch erscheint, das wahre Selbst immer gegenwärtig. Es wird nicht von dem Auf und Ab des Lebens berührt.

Als Kollektiv glauben wir, unser Glück werde durch Krisen bedroht. Dabei liegt gerade in den Schwierigkeiten unseres Lebens, auch in dem Schmerz, ein großes Geschenk zur Bewusstwerdung. In der Regel verfluchen wir die dunkle Nacht und versuchen, ihr zu entfliehen. Und doch gilt: „Wo die Nacht am dunkelsten, ist der Tag am nächsten." Wenn wir nicht mit der Dunkelheit kämpfen, passiert nichts. Es ist nur unser Widerstand, der Schmerz erzeugt.

Solange wir die Nacht fürchten, können wir nicht in jedem Moment glücklich sein. Ihr entfliehen zu wollen, verhindert genau das. Tag und Nacht existieren. Diskutieren wir etwa darüber oder wehren wir uns dagegen, dass auf den Tag die Nacht folgt? Wir akzeptieren es einfach und legen uns nachts schlafen. Gibt es ein Problem, weil ein Baum blüht, Früchte trägt, im Herbst seine Blätter verliert und im Winter ganz kahl ist? Nein. Nicht anders verhält es sich mit unseren Emotionen. Sie sind im Wandel.

Doch auf unsere ganz natürlichen menschlichen Abläufe, auf unsere Erfahrungen und Gefühle, versuchen wir Einfluss zu nehmen, obwohl auch sie unpersönlicher und übergeordneter Natur sind. Wir übersehen dabei, wie absurd dieses Unterfangen ist, gegen die Natur, die Schöpfung zu arbeiten. Unser Menschsein mit all unseren Gefühlen ist Teil der Schöpfung. Das Ich hat gar keine Macht, das zu beeinflussen, obwohl es größenwahnsinnig daran glaubt. Es gibt wie beim Baum auch in unserem Leben Zeiten der Blüte, der Kahlheit, des Rückzugs, der Expansion, der Freude, der Stille. Doch wir versuchen, das zu manipulieren. Dabei sind es unpersönliche Abläufe. Wir rennen gegen Windmühlen an, wollen wir Einfluss darauf nehmen.

Wenn wir unseren Widerstand und unsere Bewertungen aufgeben, sind das alles einfach nur natürliche Erfahrungen. In Frieden zu sein mit der Nacht, mit dem Schatten, ist das Tor zur Durchgängigkeit des Glücks. Diese Welt ist eine Welt des Lichts und des Schattens, des Tages und der Nacht. In der Akzeptanz dieser Dualität liegt Frieden. In der Akzeptanz der Dunkelheit liegt das Licht. Hell und dunkel sind eins. Was wir als Hindernisse fürs Glück ansehen, ist nichts. Wenn wir aufhören, uns gegen den scheinbaren Schatten zu wehren, ist die Kontinuität grundlosen Glücks gegeben – der Sprung in die Ewigkeit geschehen.

Bei den meisten Menschen ist die größte Hürde zum Bewusstsein grundlosen Glücks die fehlende Akzeptanz aller Aspekte. Sobald wir Glück und Liebe nicht wahrnehmen, werden wir ungeduldig. Dabei sind sie auch in der Nichtliebe und im Unfrieden gegenwärtig. Der Kreis schließt sich, wenn die Dunkelheit nicht vermieden, sondern in ihr Frieden gefunden wird.

Im Menschsein kann alles erscheinen, auch Zweifel, Angst, Hoffnungs- und Lieblosigkeit. Das ist einfach so. Wir brauchen der Dunkelheit nicht zu entfliehen, sondern können damit in stiller Akzeptanz sein. Wir versinken dann auch nicht in Depressionen. Das geschieht nur, wenn Gefühle nicht fließen, wie eingefroren sind, wir an ihnen festhalten oder sie unterdrücken und nicht spüren wollen. Dann gibt es oft nicht einmal mehr Tränen. Die Stagnation scheint allgegenwärtig zu sein.

Erfahren wir die Gefühle jedoch rückhaltlos, können sie nicht lange bleiben. Wenn Tränen fließen und wir die Traurigkeit direkt erfahren, sie nicht forcieren oder unterdrücken, sind wir darin geborgen. Depressionen hingegen beinhalten, dass wir das Leben und die Gefühle vermeiden und nicht fließen lassen. Habt den Mut, rückhaltlos die Traurigkeit zu erfahren. Auch wenn ihr glaubt, mit dem Weinen nie mehr aufhören zu können. Auch wenn ihr glaubt, dieser Urschmerz und die

Tränen werden nie versiegen, wird die Zeit vergehen, und es hört einfach auf.

Der Körper ist vielleicht irgendwann erschöpft, aber auch befreit. Der Gedanke „Wenn ich diese unendliche Traurigkeit aus der Tiefe zulasse, wird das nie enden und ich bin verloren" ist nichts als ein haltloser Glaubenssatz. Über Stunden zu weinen, ist unglaublich lang. Das Leben unterliegt stetigem Wandel. Wenn wir uns dem Fluss hingeben, können wir auf Dauer nirgendwo, auch nicht in Traurigkeit stecken bleiben.

Kontinuierlich in der Essenz zu ruhen offenbart sich darin, wie wir mit dem Schatten umgehen. Indem wir einfach damit sind, empfinden wir weder Licht noch Schatten. Alles ist einfach nur. Wir spüren, wie keine Erfahrung mehr oder weniger Licht in sich trägt. Es sind nur unterschiedliche Erfahrungen, während wir unbeirrt davon in grundlosem Glück ruhen. Kümmert euch nicht um das Auf und Ab, nicht um Licht und Schatten, sondern um das, was dahinter, darunter, immer und überall ist. Lasst euch fallen in das unsterbliche Selbst! In der dunkelsten Nacht ist dasselbe gegenwärtig, wie wenn alles zu leuchten scheint!

Die Dürre hilft uns, an nichts mehr zu glauben, über alle Bilder und Meinungen hinauszuwachsen. Dort, wo nichts mehr zählt, nichts mehr hilft, wo alle Konzepte, jeder Glaube und jede Hoffnung erlischt, eröffnet sich reines Sein. Wir tauchen ein in eine Leere, in der sich alles offenbaren kann.

Sobald wir Liebe und Frieden wollen und nach etwas verlangen, sind wir gefangen. Jegliches Wollen verhindert, uns dessen, was wir schon sind, einfach nur bewusst zu sein.

Zurück zur dunklen Nacht. Wie sehr wollen wir ihr entkommen, welcher Schmerz um nichts! Wir wollen etwas vermeiden, wo nichts ist. Die dunkle Nacht zu erfahren, das scheint manchmal wie eine Einweihung zu sein, wie ein Sog in die Tiefe, wo nichts mehr ist. Ich bezweifle dennoch, dass nur durch intensivste Erfahrungen der Dunkelheit das Erwachen in grundlosem

Glück möglich ist. Denn die Wege sind vielfältig, auch die der Befreiung von dem weltlichen Verhaftetsein und der Offenbarung unseres wahren Selbst. Sind wir unserer Essenz gewahr, können wir uns nach wie vor dem Weltlichen zuwenden, glücklich in ihm leben, jedoch nicht mehr darin verhaftet, sondern ruhend in dem namenlosen Selbst.

In der dunklen Nacht wird das Ich gedemütigt und stößt an seine Grenzen. Es bleibt ihm nichts, als auf- und sich hinzugeben. Was, wenn wir uns vor der Dunkelheit nicht schützen müssen, sondern uns an die Stärke, die Unzerstörbarkeit des wahren Selbst erinnern? Was, wenn in ihr, wie auch in dem offensichtlich Strahlenden, ein Segen liegt? Was, wenn wahre Größe nicht nur den Tag, sondern auch die Nacht umfasst? Was, wenn das Leben auch in seiner Härte gnädig ist?

Das erschien mir früher genauso unmöglich, wie eines Tages hier auf Erden in grundlosem Glück zu ruhen. Im Alter von sechzehn bis einundzwanzig Jahren war ich so unglücklich, dass ich glaubte, diesen Körper verlassen zu müssen, um die Sehnsucht nach Zuhause, nach unendlicher Liebe erfüllt zu sehen. In dieser Zeit absoluter emotionaler Dunkelheit, in der ich von einem unbeschreiblichen Schmerz der Trennung im Inneren gefangen war, glaubte ich, nur noch im Tod den Frieden finden zu können, an den ich mich erinnerte.

Dabei ist das nicht erst dann möglich, wenn wir den Körper verlassen und ins Nichts, in Gott, ins Nirwana eintreten, sondern jetzt. Körper und Körperlosigkeit, Form und Formlosigkeit, Irdisch und Himmlisch sind in der Essenz eins. Unser wahres Zuhause, in Frieden zu ruhen, ist nicht an einen Ort, nicht an einen Körper, nicht an Zeit und Raum gebunden.

Vor ein paar Monaten saß ich zu Hause auf dem Sofa, frei wie ein Vogel, nichts wollend, einfach nur seiend. Da war eine allumfassende Leere, wie sie leerer nicht sein könnte. Ich erinnerte mich, wie ich dieselbe Empfindung in der Zeit absoluter Finsternis hatte. Ich spürte auch damals die Bedeutungslosigkeit aller Dinge für das Glück und diese unermessliche Leere.

Nur war das mit einem unbeschreiblichen Schmerz verbunden, mit dem Gefühl, aus dem Paradies, der Einheit gefallen zu sein. Es war mir bewusst, dass kein Geld, kein Mensch dieser Welt, nichts und niemand mir wahres Glück schenken konnte. Außerdem schienen alle anderen auch getrennt von ihrem wahren Zuhause und alles andere als wahrhaftig glücklich zu sein. Ich kannte niemanden, der in dem Bewusstsein der Einheit lebte, an das ich mich schmerzlich erinnerte und das wiederzufinden für mich einzig von Bedeutung war.

Von nichts Äußerem angezogen, in einer intensiven, alles umfassenden Leere lebend, gab es früher nur Hoffnungslosigkeit. Heute ist die Leere, die damals unerträglich zu sein schien, eine innere Freiheit, ohne einen Funken Schmerz. Damals war wohl nicht die Zeit, den Widerstand aufzugeben. Es gab noch eine Restidee von einem persönlichen Ich, von einer Person, getrennt vom wahren Zuhause. Es gab die Vorstellung von einem Ich, das den Frieden erst finden und dahin zurückkehren muss.

Damals wie heute dieselbe Erfahrung der Leere, und doch ein alles entscheidender Unterschied: Heute ist da eine Leere, die voller Frieden ist, damals hingegen erzeugte sie eine innere Zerrissenheit. Ich war mir nicht bewusst, dass die Quelle in allem sprudelt, das alles bereits dieses Sein ist. Da ist keine Angst mehr vor diesem allumfassenden Nichts. Dasselbe Bewusstsein der Relativität aller äußeren Dinge, einschließlich meines Lebens, war damals gepaart mit einer großen Verzweiflung. Heute ist es erlöst in einfachem Sein, in dem nichts mehr gesucht und gefunden werden muss. Die Gleichheit der früheren und heutigen Empfindung ist faszinierend. Sie zeigt, wie nah ich in den Jahren der dunkelsten Nacht an der Erkenntnis der Quelle war. Nur ein kleiner Schatten, der das vollständige Bewusstsein verdeckt hielt. Ein minimaler Unterschied und scheinbar doch bedeutsam.

Gerade die dunkle Nacht kann uns zum Wesentlichen führen, wenn wir durch sie hindurchgehen. Was für mich zu

Schmerz führte, war nicht die Leere an sich, sondern das Bedürfnis, ihr entfliehen zu wollen. Ich konnte mich nicht völlig dem Sein hingeben. Die tiefe Akzeptanz, das Einverstandensein mit allen Aspekten des Lebens, geschah erst später.

In der Tiefe wissen wir alle, was wirklich wesentlich ist, wissen wir, dass dieser Körper wie alles vergänglich ist und nichts im Außen diesen inneren Schmerz der Trennung stillen kann. Heute sehe ich klar, was damals den Schmerz erzeugt hat: Es war der Widerstand gegen das, was ist, die Ablehnung verschiedener Aspekte des Lebens sowie die Angst vor der Leere, dem Nichts. Nicht, dass ich heute alles gut finde und zu allem Ja und Amen sage. Doch früher konnte ich dieses Leben, wie es ist, nicht annehmen. Ich suchte nach einer harmonischeren Welt, nach dem Sein, an das ich mich erinnerte. Ich war mir nicht bewusst, dass es bereits unser aller Sein ist. Dass glücklich sein, ruhen in dem All-Einen immer und überall möglich und nicht abhängig ist von einer anderen, besseren Welt.

In den Jahren verzweifelter Suche ließ ich, je länger sie dauerte, innerlich alles hinter mir: Beziehungen, Beruf, Familie, bis zu dem Punkt, auch das Leben hinter mir lassen zu müssen, damit sich das Wahre offenbaren kann. Es liegt zwar Wahrheit in der Loslösung von Anhaftungen und Verstrickungen, verbunden mit der Welt der Erscheinungen. Das heißt aber nicht, dass wir Frieden erst im Tod oder in der Askese finden können. Wir können uns des grundlosen Glücks ganz einfach inmitten des Lebens bewusst sein. Wir können jetzt, mitten im Leben, vollständig in Frieden ruhen. Gerade die Zeiten der Krise können uns helfen – und zwar sehr schnell, da der Schmerz so groß ist – zum Wesentlichen vorzudringen.

*Ich fühle manchmal eine große Leere und möchte ei-
gentlich nicht mehr da sein. Ich habe viel Geld von meinem Mann geerbt, und mir geht es gut. Ich bin nicht
suizidgefährdet, und doch bin ich manchmal des Lebens
müde und mag nicht mehr, spüre eine Sehnsucht, ohne
Körper zu sein. Die habe ich schon lange. Du kennst
mich ja! Bin ich bei einem Ferienseminar wie hier, lache
ich viel, freue mich, fühl mich sehr wohl. Das ist wirklich
so. Das ist echt. Auch manchmal zu Hause. Aber dann
fühle ich oft keine Freude, keine Liebe, kein Glück,
bräuchte nicht mehr hier sein. Vielleicht könnte man
das depressiv nennen, aber das ist es nicht wirklich. Es
ist einfach komisch. Das macht mich traurig, dass ich
nicht immer wie hier Freude und Liebe fühlen kann.*

Wer sagt, dass wir immer Freude empfinden müssen,
Liebe, Glück und Dankbarkeit? Das sind nur deine Vor-
stellungen, deine Erwartungen. Es ist gut, dass du das
ansprichst. Denn das sind weit verbreitete spirituelle
Vorstellungen. Manchmal ist da gähnende Leere, das
Gefühl der Bedeutungslosigkeit unseres Daseins, das
Gefühl, ohne Körper sein zu wollen.

Darin liegt kein Problem. Es liegt nur in deiner Erwartung, immer überfließende Liebe und Freude spüren zu
müssen und nicht müde sein zu dürfen. Akzeptiere die
Bedeutungslosigkeit, die Leere. Vielleicht kannst du sie
genießen. Auf jeden Fall ist nichts daran falsch. Probier
mal aus, wenn du das nur erfährst und keine Meinung
darüber hast, ob das gut ist oder schlecht oder etwas
anderes besser wäre. Ich kenne das Gefühl sehr gut.
Früher hatte ich ein Problem damit, weil ich glaubte,

es stimmt etwas nicht mit mir. Heute ist da eine Leere, aus der sich manchmal etwas formt und überfließt, manchmal einfach leerer als leer ist. Auch darin liegt Schönheit. Halte dich nicht an der Empfindung von überfließender Freude und Liebe als deinem Glück fest. Auch das ist vergänglich. Das kannst du nicht halten und erzwingen. Doch auch in der Bedeutungslosigkeit, in der Dunkelheit, in absoluter Leere liegt eine Stille, ein Glück.

WAHRE MACHT

Kämpfe um Macht und Kontrolle durchziehen das Leben vieler Menschen wie ein roter Faden in zahlreichen, meist schmerzhaften Varianten. Beginnend bei dem Versuch, über sich selbst, seine Verhaltensweisen und das Leben Kontrolle zu gewinnen, bis hin zu Machtkämpfen in Beziehungen und im beruflichen Leben. Die Palette der Machtspiele reicht von Vorwürfen und Kritik bis zu Frontalangriffen und Schuldzuweisungen, Liebesentzug und Arroganz.

Glaubten wir in diesen Spielen nicht oft, das Opfer zu sein: dominiert, verletzt, angegriffen und zurückgewiesen? Oder der Täter: unversöhnlich, verletzend und herzlos Macht ausspielend? Uns selbst zu erhöhen, uns über andere zu erheben, entspricht unserer natürlichen Größe genauso wenig, wie uns klein zu machen. All diesen Verhaltensweisen liegt Angst zugrunde, die nur unterschiedlich kompensiert wird. Macht- und Kontrollspiele machen uns nicht wirklich glücklich. Sie geschehen in der Regel nur dann, wenn wir uns unserer inneren Souveränität nicht bewusst sind.

Sind wir aber der Unantastbarkeit unserer Essenz gewahr, spüren wir keine Angst vor Unterdrückung oder davor, dass das Leben uns vergessen könnte. Genauso wenig haben wir dann noch den Wunsch, Macht über andere ausüben und alles kontrollieren zu wollen. Nur wenn wir verunsichert sind, nicht wirklich in uns ruhend, glauben wir an ein Ich, das bedroht wird, sich verteidigen und schützen oder sich aufpusten und stark sein muss. Dabei übersehen wir, dass niemand Macht über unser Glück haben und das Wahre bedrohen kann. Macht geben wir ab, sobald wir jemanden für etwas in unserem Leben verantwortlich machen.

Oft erzählen Menschen, sie könnten ihr Potenzial nicht leben und nicht glücklich sein, weil die äußeren Bedingungen nicht optimal sind oder sie sich von einem nahestehenden Menschen eingeschränkt fühlen. Wie leichtfertig übergeben wir die Verantwortung und somit die Macht über unser Glück anderen und den Lebensumständen! Angefangen beim Vater, der uns nicht anerkannt hat, über den Partner, der fremdgeht, und den zu schlecht bezahlten Job bis hin zu den politischen Geschehnissen. Dabei geht es nicht um die anderen. Weder darum, mit ihnen um unser Glück zu kämpfen, noch es verteidigen zu müssen.

Das viel größere Problem ist unsere Angst, uns der natürlichen Macht, unserer Essenz hinzugeben und die Verantwortung für unser Glück nicht anderen Menschen zuzuschieben. Anstatt wahrzunehmen, dass wir nicht den Mut haben, glücklich zu sein und das zu tun, was für uns wichtig ist, übertragen wir das auf andere, indem wir uns durch sie behindert fühlen und ihnen Verantwortung und Schuld zuweisen. Es scheint, als müssten wir ständig um unsere Bedürfnisse und unseren Raum mit anderen kämpfen, anstatt einfach in unserer inneren Souveränität zu sein. Wir schieben alles auf die Umstände und rechtfertigen damit unseren inneren Mangel, unsere mangelnde Bewusstheit. Wir gehen bei diesen Kämpfen um Macht und Kontrolle davon aus, dass es nicht genug Energie, Liebe und Raum für alle gibt.

Es scheint, als wären sie nur begrenzt verfügbar und als müsste jeder darum kämpfen, ein möglichst großes Stück vom Kuchen abzubekommen. Manche haben dabei das Gefühl, ständig zu kurz zu kommen, andere wiederum glauben, sich alles nehmen und sichern zu können. Beides entspringt einem Gefühl des Mangels. Bewusstsein und Energie sind nicht begrenzt. Darum müssen wir nicht mit anderen kämpfen. Glücklich zu sein, ist unser Geburtsrecht. Niemand kann dem anderen etwas nehmen. Denn aller Reichtum liegt in der Souveränität unseres wahren Selbst.

Das Universum, Liebe und Glück sind endlos. Wir können alle mit- und nebeneinander glücklich sein. Wir sollten diese getrennten Ichs, die angreifen und sich verteidigen, die sich schützen und andere beeindrucken müssen, weniger ernst nehmen. Kommen euch diese Spielchen von Angriff und Verteidigung, von Macht und Ohnmacht nicht auch manchmal absurd vor? Sie scheinen real und ernst zu sein und sind doch nur eine Inszenierung emotionaler Dramen. Sie betreffen immer unser scheinbares Ego, das ohne Substanz und nicht unser wahres Selbst ist. Das Ego fühlt sich ständig bedroht, nicht geliebt, angegriffen und muss sich aufblasen und Stärke demonstrieren – wo nichts ist.

All diese Spiele sind überflüssig, wenn wir uns der natürlichen Souveränität unseres Seins bewusst sind. Selbst wenn andere Menschen versuchen, unser scheinbares Ich anzugreifen, passiert nichts. Wenn die Identifizierung mit dem Ich wegfällt, gibt es keine Resonanz mehr. Wenn wir den Fehdehandschuh nicht aufgreifen, geschieht nichts. Es gibt nichts zu tun, als das Spiel zu erkennen und aus der Fehlidentifizierung auszutreten. Wir können innehalten und uns an die natürliche Macht des wahren Selbst erinnern.

Auch den meisten Beziehungsproblematiken liegen diese Machtgeschichten zugrunde. Dazu gehört auch der Wunsch, Recht haben zu wollen. Es ist unglaublich, wie viel Energie wir in diesen Kämpfen vergeuden. Manche Beziehungen scheinen aus nichts anderem als solchen Machtspielchen zu bestehen. Es ist scheinbar immer noch reizvoller zu glauben, ein unterdrücktes und verletztes oder ein machtvolles und beeindruckendes Ich zu sein, als nichts und „nur" glücklich.

Wie viele lassen dabei all ihre Federn, verlieren die Freude am Dasein und die Energie fürs Wesentliche! Obwohl immer mehr Menschen diese Spielchen bei sich selbst erkennen, scheint es schwierig, aus der Resonanz auszusteigen. Diese Ich-Identifizierung sitzt so tief! Auf sie ist unsere Welt aufgebaut, und kollektiv gesehen ist sie die einzig existierende Realität. Wir sind nichts anderes gewöhnt. Das scheint nicht auf Knopfdruck veränderbar, sondern wie in unseren Zellen gespeichert und lange geübt zu sein.

So brauchen wir Wohlwollen, Humor und Geduld. Genauso kann aber manchmal auch Ungeduld und es wirklich wissen zu wollen hilfreich sein. Ihr könnt einmal genauer betrachten, wovon ihr euch bedroht und unterdrückt fühlt. Wo ihr versucht, Macht auszuüben, zu kontrollieren und zu manipulieren. Nur durch unsere eigenen Interpretationen, Befürchtungen und Ängste fühlen wir uns von Menschen und Situationen eingeschränkt. Wie schnell unterstellen wir anderen etwas und stülpen ihnen unsere Interpretationen über!

Nichts und niemand kann unser Glück behindern. Was wir als Hindernis für unser Glück ansehen, ist in Wahrheit nichtig. Es ist immer nur das, was wir in allem sehen und daraus machen. Millionen von Menschen empfinden Unterschiedliches als störend für ihr Glück. Was für den einen hinderlich zu sein scheint, ist für den anderen bedeutungslos. Hier wird die Relativität unserer Gefühle und Betrachtungsweisen, die Illusion dessen, was wir für die Wahrheit halten, deutlich. Je mehr uns diese Relativität bewusst ist, desto mehr bekommen wir einen gesunden Abstand zu der Welt der Erscheinungen. In ihr zwar lebend, sind wir nicht mehr darin verwickelt.

Wie oft hatten wir schon das Gefühl, es würde ums Überleben, zumindest aber um unser Glück gehen, wo nichts dergleichen geschah? Unser Selbst ist unzerstörbar. Wir nehmen alles, besonders dieses kleine Ich und seine Gedanken, viel zu ernst. Was einst noch bedeutsam erschien, ist heute nichts mehr. Wir machen uns nur selbst unnötig verrückt. Kommt eine Welle der Herausforderung, toben wir oder sind verängstigt, anstatt einfach durchzuatmen. Manchmal nehmen wir einen leichten Windhauch schon als Wirbelsturm, als Katastrophe wahr.

Gelassenheit geschieht, wenn wir uns unserer Essenz bewusst sind. Die Menschen und die Ereignisse bewegen sich um sie herum wie ein Rad um seinen Mittelpunkt. Nichts hat die Macht, den Kern, das Bewusstsein grundlosen Glücks zum Erlöschen zu bringen. Auch dann nicht, wenn wir zu den Verlockungen greifen, sie als bedeutend ansehen und uns der wahren Macht im Zentrum nicht bewusst sind. Viele Menschen, die lebensbedrohliche Situationen erlebt haben, berichten, wie sich nach einem anfänglichen Gefühl von Angst und Schrecken eine unsagbare Ruhe einstellte, eine innere Sicherheit inmitten körperlicher Bedrohung.

Wieso fürchten wir uns, wenn das, wovor wir uns fürchten, keinen Schrecken hat? Wenn wir grundlosen Glücks gewahr sind, löst sich das Gefühl ständiger Bedrohung genauso auf wie das Gefühl, alles unter Kontrolle haben zu müssen. Lassen wir uns doch vom Leben nass machen! Wir werden nie erfolgreich alles kontrollieren können, was durch die Naturereignisse und auch durch die Geschehnisse im gesellschaftlichen und im privaten Leben sichtbar wird. Wir werden uns immer wieder mit Überraschendem und Unberechenbarem konfrontiert sehen. Wir werden immer wieder feststellen müssen, dass niemand eine persönliche Macht über das Universum, das Namenlose, größere Ganze hat. Das macht unserem scheinbaren Ich Angst. Es fühlt sich nur sicher, wenn es Macht und Kontrolle ausüben kann. So ist es natürlich daran interessiert, diese über unser Leben zu haben und ihm seine Vorstellungen aufzudrücken.

Wichtig ist, uns unabhängig von dem Bedürfnis nach Kontrolle der Essenz hinzugeben, uns ins Nichts fallen zu lassen. Das Leben zu kontrollieren und zu manipulieren ist hoffnungslos, führt nicht wirklich zu Sicherheit und Gelassenheit, sondern zu Schmerz und Leid.

Wir vergessen dabei, dass das Leben für uns sorgt. Alle Geschehnisse und Begegnungen dienen uns einzig, um in grundlosem Glück zu erwachen. Was müssen wir kontrollieren, wenn uns alles, was das Leben vorsieht, dient?

Wenn es euch schwerfällt, das anzunehmen, stellt euch folgende Frage: Was glaubt ihr, trägt mehr Weisheit in sich: eure Vorstellungen, Gefühle und Gedanken oder die Kraft, dieses Bewusstsein hinter all dem? Ich kann es nur immer wieder betonen: Diese Kraft, mögen wir sie Bewusstsein, Gott, das Nichts, das Namenlose oder Energie nennen, ist stärker und größer als alles.

Geben wir uns doch dieser Größe hin, anstatt unsere Gefühle und Gedanken, größenwahnsinnig, für die einzige Wahrheit, für Gott und die Welt zu halten! Da ist Demut gefragt. Es ist der scheinbare Verlust von persönlicher Macht und Kontrolle, doch in der Hingabe des scheinbaren Ichs an die größere Weisheit eröffnet sich das Universum. Entspannung kann geschehen. An dieser Stelle möchte ich frei von jedem religiösen Kontext an die biblischen Worte erinnern: „Dein Wille geschehe." Und: „Ich und der Vater sind eins."

Doch was bedeutet: „Dein Wille geschehe?"
Die Hingabe des Ichs an das größere Ganze. Ein scheinbares Ich, das sich hingibt, löst sich auf in einem Sein.

Was bedeutet: „Der Vater und ich sind eins?"
Keine Trennung. Kein Ich getrennt von Gott, vom einen Selbst, der Quelle und auch nicht vom Du.

In diesen zwei Sätzen sind für mich die zentralen Hinweise für das Ruhen in Gott, in tiefem Frieden enthalten. Vielleicht können sie dem einen oder anderen Hilfe sein, um sich im Alltag aufs Wesentliche zu besinnen.

Genau jetzt, in diesem Moment, könnt ihr euch ganz dem größeren Ganzen, dem Namenlosen anvertrauen. Lasst den

Kampf um Macht und Kontrolle, den Kampf eines scheinbaren Ichs mit dem Leben enden. Ruht einfach in grundlosem Glück. Dann verlieren Machtspiele an Bedeutung, das Selbst begegnet dem Selbst, in jedem und allem. Essenz begegnet Essenz, Bewusstsein Bewusstsein, Seele Seele, Herz begegnet Herz. Die Angst, verletzt zu werden, etwas verlieren zu können, wird bedeutungslos. Die Lust auf diese Spiele um Macht und um die Aufwertung des Egos schwindet.

Lassen wir die natürliche Macht erstrahlen!
Um sie müssen wir nicht kämpfen.
Sie ist für uns alle, sie ist unsere Essenz.
Die natürliche, souveräne, unantastbare Macht.

Fragen und Antworten

1. Ich habe oft Machtkämpfe mit meinem Mann. Es geht zwar immer wieder um andere Themen und Probleme, unterschwellig ist es aber immer derselbe Kampf. Mit einem meiner Söhne habe ich dasselbe Problem. Mit meiner Tochter und meinem anderen Sohn komischerweise überhaupt nicht. Mit meinem Mann und meinem Sohn verhalte ich mich manchmal so, dass ich mich selbst nicht wiedererkenne, völlig anders als bei allen anderen Menschen. Zu ihnen bin ich manchmal unausstehlich. Dann mag ich mich selbst nicht mehr.

Ja, bei den Menschen, die uns nah sind, verhalten wir uns oft extremer als bei denen, wo wir ausweichen können. Schließ einmal deine Augen: Was fühlst du?

Ich bin so traurig. (Tränen fließen.) *Ich bin aber auch so wütend auf die beiden, weil sie sich nicht an Absprachen halten, meine Vorschläge nicht annehmen und immer nur ihr Ding machen. Sie haben überhaupt kein spirituelles Verständnis. Das ist bei meiner Tochter und dem kleineren Sohn Gott sei Dank anders. Aber mein Mann und mein älterer Sohn ...*

Ne, ne. Stopp! Spür nur die Traurigkeit. Nicht flüchten.

(Weint und weint.) *Nein, ich will die Traurigkeit nicht spüren, da rege ich mich lieber über die beiden auf und werde wütend. Ich musste immer stark sein. Ich mag es nicht, mich hilflos zu fühlen, aber wenn ich ehrlich bin, bekomm ich die zwei einfach nicht unter Kontrolle.*

(Alle lachen.)

So ein Pech aber auch. Ist echt ärgerlich, wenn nicht alle nach unserer Pfeife tanzen!

(Fragende und Gruppe lachen.)

Wie gut, dass sie es nicht tun.

Aber mein Mann müsste doch mein spirituelles Interesse verstehen.

Warum sollte er? Er könnte genauso erwarten, dass du sein Desinteresse verstehen müsstest. Und das tust du doch auch nicht. Okay, du interessierst dich für Spiritualität und er nicht. Das kann wunderbar nebeneinander stehen. Es gibt Paare, die zwar beide ein Interesse an Spiritualität, aber trotzdem schwierige Beziehungen haben. Spirituelles Interesse ist keine Garantie für eine glückliche Beziehung. Und dann gibt es Paare, die dieses Interesse nicht miteinander teilen und trotzdem miteinander glücklich sind. Aber die Frage ist, wer oder

was ist schon spirituell? Mir sind Menschen mit hoher Bewusstheit begegnet, ohne offensichtliches spirituelles Interesse. Sie leben das einfach.

Mein Mann kann sehr liebevoll mit den Kindern sein und ist sehr naturverbunden. Er lässt mich auch meine Sachen machen. Aber trotzdem kann er ja über eine bestimmte Stufe nicht hinauskommen, wenn er nicht meditiert und immer noch Fleisch isst. Das Thema Ernährung ist bei uns auch so eine Sache.

Woher willst du das wissen, dass er über eine bestimmte Stufe nicht hinauskommen kann, wenn er nicht meditiert und Fleisch isst? Glück ist nicht von Meditation abhängig, auch nicht davon, kein Fleisch zu essen und schon gar nicht von einer bestimmten Stufe, die erlangt werden muss. Wenn dem so wäre, dürftest du auch nicht hier bei mir sein. Ich gehöre nämlich derselben „unteren Stufe" an wie dein Mann, weil ich bis heute fast nie im üblichen Sinne meditiert habe. Das hat mir nicht entsprochen und erschien mir künstlich. Das Leben selbst ist eine natürliche Meditation, eine Frage der Bewusstheit, mit dem Göttlichen in allem zu sein. Meditation kann sich doch nicht nur auf eine Übung, auf eine Stunde in der Woche oder am Tag beziehen! Zu präsent war für mich der Wunsch, doch in jeder Lebenslage in der Liebe, dem Frieden zu ruhen, an den ich mich erinnerte. Meditation ist auch, das Leben einfach in seiner Natürlichkeit zu leben, im Leben wach und ganz zu sein. Trotzdem habe ich überhaupt nichts gegen Meditationen. Für wen es passt, wundervoll. Und weißt du was? Um all das geht es überhaupt nicht!

Ich glaube, mir dämmert etwas.

Was?

Es ist vielleicht weniger falsch an den anderen, als ich glaube. Vielleicht sogar gar nichts. Ich kann bei mir bleiben und muss nicht immer an ihnen herumdoktern. Kein Wunder, dass sie manchmal vor mir flüchten und die Augen verdrehen. Mein Sohn sagt manchmal: „Kümmere dich doch um deinen eigenen Mist!" Da hat er wohl nicht ganz Unrecht.

Dein Humor ist ein echter Segen.

In meinem Herzen habe ich etwas verstanden, weiß aber nicht einmal genau, was!

Musst du auch gar nicht wissen, wirkt von selbst.

Vielen Dank.

2. Ich habe Angst, dass mein Leben aus den Fugen gerät, wenn ich nicht alles kontrolliere. Dabei habe ich schon oft auch die Erfahrung gemacht, wie sich alles von selbst fügt, wenn ich loslasse. Das hat sich sehr gut angefühlt, und ich habe mich auch sicher gefühlt, sogar sicherer, als wenn ich alles planen und regeln will. Trotz dieser wirklich guten Erfahrungen habe ich immer noch Angst. Wie werde ich die bloß los?

Unser Körper atmet, das Herz schlägt, ohne dass wir etwas bewusst tun. Ich weiß nicht einmal, wie das Ganze funktioniert. In Biologie habe ich geschlafen. Trotzdem funktioniert, lebt, atmet dieses Meisterstück von Körper. Zu deiner Frage, wie du die Angst loswirst: Akzeptiere sie. Selbst wenn du sie nie loswirst, kannst du glücklich sein. Lass dich von ihr nicht zu sehr beeindrucken. Manchmal haben wir Menschen scheinbar Angst, okay. Wenn da Angst ist, ist da Angst. Dann

spürst du sie, und irgendwann ist es wieder aus und vorbei. Falls sie überhaupt auftritt. Das ist zum jetzigen Zeitpunkt eh alles nur Theorie. Was spürst du im Moment?

Nichts. Nur Ruhe und Gelassenheit.

Dann machen wir uns hier auch nicht verrückt wegen etwas, was jetzt gar nicht ist. Das kannst du auch auf die anderen Situationen anwenden. Wir kreieren unsere Geschichten und Ängste, stiften bereits im Vorfeld und auch im Nachhinein Unruhe, wo nichts ist. Verspürst du jetzt Angst?

Nein, überhaupt nicht, im Gegenteil.

Dann geben wir den Befürchtungen und Ängsten einfach keine Energie. Die meiste Zeit ist Angst nur ein Hirngespinst. Wenn Angst präsent ist, spür sie. Darüber hinaus kannst du einmal untersuchen, wie die Angst zustande kommt. Da entsteht ein Gedanke, eine Vorstellung von etwas, was in dem Moment gar nicht ist, nur eine Angst vor dem, was geschehen könnte. Treten in seltenen Fällen die befürchteten Situationen wirklich ein, ist alles halb so schlimm. Meist ist gar nichts. Wir können erfahren, dass unser Sein, unser Selbst größer ist als jede Angst. Probier mal aus, beobachte, vielleicht kommst du auch zu einem anderen Ergebnis. Nimm das Ganze nicht zu ernst.

SEXUALITÄT

Auch die Sexualität spielt bei vielen Menschen auf der Suche nach dem Glück eine bedeutende Rolle. Von der körperlichen Vereinigung, dem sexuellen, sinnlichen Erleben versprechen sie sich Erfüllung. Es ist der Wunsch, in der Vereinigung mit einem anderen Menschen Vollständigkeit zu erfahren, die Sehnsucht, sich aus der Dualität zu erheben. In der Sexualität, im Orgasmus, im Verschmelzen mit einem anderen Menschen können wir für Momente sogar körperlich Grenzen überwinden und in Glückseligkeit eintauchen. Auch wenn manche Menschen nur den oberflächlichen Genuss von Sexualität suchen, besteht dennoch die Möglichkeit, im sexuellen Höhepunkt Einheit zu erfahren. Wir suchen auch hier, wenn auch meist unbewusst und auf unterschiedlichste Art und Weise, nur unser wahres Sein.

Doch auch wenn wir Sexualität zu unserem Glücksboten machen, der Hunger nach Glückseligkeit ist so nicht dauerhaft zu stillen, sondern nur durch die Bewusstwerdung grundlosen Glücks. Die Erfahrung von Einheit und Glückseligkeit ist nicht an einen Orgasmus gebunden, sondern ist unsere Essenz. Sexualität kann auch mit Enttäuschung und Schmerz auf der Jagd nach Erfüllung, nach ekstatischem Glück verbunden sein. Nicht zuletzt durch die Medien beeinflusst, machen wir uns zum Sklaven unserer kollektiven und individuellen Erwartungen, wie eine erfüllte Sexualität und eine glückliche Beziehung zu sein und wie wir zu fühlen haben, anstatt uns unbedarft der unmittelbaren Erfahrung hinzugeben. Allein die Erwartung, Sexualität leben und genießen zu müssen, kann bereits Stress erzeugen.

Es obliegt uns, ehrlich mit uns zu sein und den Mut zu haben, alle Bilder und Vorstellungen zu verlassen und unseren Empfindungen zu folgen, ohne sie zu verfälschen. Wir können unserer inneren Wahrhaftigkeit folgen, selbst wenn für alle Menschen Sexualität von Bedeutung wäre und nur für uns nicht. Wer sagt, dass wir sie genießen müssen oder nicht genießen dürfen? Niemand hat die Weisheit, allumfassend zu sagen, wie eine erfüllte Sexualität und unser Leben im Allgemeinen auszusehen haben. Es offenbart sich einzig in der Hingabe an den individuellen Fluss des Lebens.

Grundloses Glück kümmert sich nicht darum, ob wir die vom Menschen und von der Gesellschaft aufgestellten Kriterien für eine erfüllte Sexualität oder für eine glückliche Beziehung erfüllen, oder ob uns Sexualität wichtig ist und wie wir sie erleben. Es fragt nicht danach, ob wir Sexualität aufregend oder unbedeutsam empfinden, ob wir Vertrautheit oder das sexuelle Abenteuer lieben. Es sagt nicht, dass es falsch ist, wenn wir 30 Jahre nur mit einem Partner Sexualität leben, wenn wir sie erst in reiferen Jahren genießen lernen oder sie immer unwichtiger wird. Grundloses Glück ist einfach gegenwärtig, unabhängig von all dem.

Wir neigen dazu, uns an Bildern und Erwartungen zu orientieren und aus einzelnen Empfindungen allumfassende Maßstäbe zu schaffen. Dabei sind wir frei und neu in jedem Moment. Alles kann sich von heute auf morgen mit einem einzigen Wimpernschlag verändern. Und genauso gut kann das Alte sich wiederholen und dabei immer wieder frisch und frei sein. Halten wir an unseren Vorstellungen über Sexualität fest, können wir nicht mehr spontan das Zusammensein genießen. Dann wollen wir die Realität unseren Vorstellungen entsprechend formen und nehmen nicht die Unschuld der Erfahrung an, die jetzt ist.

Lassen wir alles, alle Meinungen und Glaubenssätze in Verbindung mit Sexualität und Beziehungen, einmal beiseite. Nichts wissend, sind wir einfach, spüren nur das Leben, das Sein hier und jetzt – leer und frei von allem. So kann Hingabe an die innere Wahrhaftigkeit, den göttlichen Fluss geschehen. Manchmal halten wir aber für wahrhaftig, was nur Gewohnheit, Abhängigkeit und Anhaftung entspringt. Manches lockt nur, weil wir vor dem, was wir wirklich fühlen, flüchten wollen. Ich möchte euch an die Freiheit erinnern, den gegenwärtigen Moment zu erfahren, so wie er ist, und euch nicht zu verrenken.

Wir sind auch unseren Partnern nicht verpflichtet. Einige haben Angst, ihren Partner zu verlieren, wenn sie dessen Erwartungen nicht erfüllen, und haben deshalb öfter und anders Sex mit ihm/ihr, als es ihnen entspricht. Wir können uns dieser Angst stellen, sie durchschreiten und frei sein. Es ist ein Irrtum zu glauben, wir könnten unsere Partner auf diese Art und Weise halten und etwas erzwingen. Darüber hinaus spüren die Menschen, wenn wir uns anders verhalten, als wir fühlen und etwas tun, was wir nicht wollen. Meist sind wir dann nicht glücklich, und die Freude am Leben, die Leichtigkeit geht verloren. Wenn es nicht Angst, sondern innerer Freiheit entspringt, kann es auch wunderbar sein, unsere Wünsche zurückzustellen und auf die unseres Partners einzugehen. Es geht einzig um die innere Freiheit. Dann ist es einfach kein Thema mehr. Wir sind glücklich mit oder ohne ein Erleben von Sexualität, glücklich, was auch immer der Fluss des Lebens bringen mag.

Folgen wir aber Erwartungen und Idealen, auch wenn sie aus spirituellen oder tantrischen Traditionen kommen, wie zum Beispiel, Spiritualität und Sexualität verbinden zu müssen, verhindern wir, das geschehen zu lassen, was jetzt unabhängig von Richtlinien und Erwartungen ist.

Wir müssen nichts steuern, Sexualität nicht ablehnen oder forcieren. Es gibt auch keine umfassende Wahrheit über Spiritualität und Sexualität. Sie ist einfach nur das, was sie ist. Alles andere machen wir daraus, ist wieder eine Frage unserer Geschichten, die wir darum herum erfinden. So sehen manche Menschen Sexualität als Hindernis für Spiritualität, andere wiederum als notwendige und hilfreiche Brücke. Beides ist möglich.

Ob wir Sexualität leben oder nicht, sagt zunächst einmal gar nichts. Enthaltsam zu sein und Sexualität abzulehnen kann genauso aus einem inneren Verhaftetsein geschehen wie eine Überbewertung der Sexualität und die Vorstellung, darin alles Glück suchen zu müssen. Gleichgültig, ob wir Sexualität leben oder nicht, wir können frei und glücklich sein. Wenn Sexualität tabuisiert, unterdrückt oder nur in einem bestimmten Rahmen gesehen wird, bekommt sie häufig gerade dadurch eine unglaubliche Energie und Bedeutung. Vieles wird plötzlich sexuell interpretiert und erzeugt Aufmerksamkeit, wo nichts ist. Manchmal ist im Rahmen religiös geforderter Enthaltsamkeit zu sehen, dass Unterdrückung nicht automatisch Freiheit bringt. Oft erzeugt die zwanghafte Unterdrückung natürlicher Impulse nicht deren Verschwinden, sondern gibt ihnen eine übertriebene Bedeutsamkeit.

Andererseits kann eine offensichtlich sehr frei – etwa mit ständig wechselnden Partnern – gelebte Sexualität lediglich eine Demonstration scheinbarer Freiheit sein. Vom Eros getrieben, kann sie unfrei machen und zu Schmerz und Abhängigkeit führen. In meiner Geschichte ist auffällig, dass Sexualität, obwohl früher bedeutsam, mit dem Empfinden der Vollständigkeit und grundlosen Glücks eindeutig in den Hintergrund getreten ist und eher unwichtig wurde. Das sagt aber nichts. Sexualität mag ein wichtiger Aspekt unseres Lebens sein oder nicht, das grundlose Glück, das Erwachen im All-Einen hat nichts damit zu tun. Da gibt es keine Regel.

Wir können ganz natürlich das geschehen lassen, was sich von selbst entfaltet. Durch diese Offenheit kommt die Leichtigkeit des Seins von selbst. Die sexuelle Vereinigung mit einem Menschen kann ein wunderbares Geschenk sein, sie kann uns unter anderem auch die Einheit, die Glückseligkeit, die wir sind, bewusst erfahrbar machen. Und dennoch ist sie nicht der Ursprung, die Quelle selbst. Unser ganzes Leben kann ein stiller Orgasmus, Glückseligkeit sein. In aller Stille liegt Vollständigkeit, das Aufgehen im Unendlichen, in dem kein Ich, kein Du existieren. Das ist nicht auf die Sexualität beschränkt. Doch auf der Ebene der Form gibt es zwischen Mann und Frau Anziehung, einen Magnetismus, eine Art gegenseitige Vervollständigung. Auch hier kommt – wie in allem – die Dualität zum Tragen. Die Vereinigung von Mann und Frau, des weiblichen und männlichen Pols, kann sich auch in uns selbst vollziehen, wie eine innere Hochzeit. Und nicht einmal das ist nötig. Denn jenseits der Form und der Dualität sind wir nicht einzelne, getrennte Teile, sondern bereits EIN(S)-SEIN.

Fragen und Antworten

1. Ich spüre immer wieder einen Drang, mit Frauen flirten zu müssen und mit ihnen ins Bett zu wollen. Das kommt mir langsam wie ein Zwang vor. Ich fühle mich dann manchmal wie ferngesteuert. Ich lebe mit einer Frau, die ich liebe und mit der ich mich gut verstehe. Ich weiß, dass ich sie mit meinen Seitensprüngen sehr verletze. Ich habe ihr vorgeschlagen, beiderseits eine freie Beziehung zu leben. Aber das war nichts für sie. Und mir hat das ehrlich gesagt bei ihr überhaupt nicht gefallen, obwohl ich das für mich in Anspruch nehme. Ich habe immer gedacht, ich folge nur meinem Gefühl, und Probleme habe nur meine Frau, weil sie darunter leidet. Langsam merke ich, dass es nicht nur bei ihr liegt. Was du heute Morgen in einem anderen Zusammenhang über Freiheit gesagt hast, trifft bei mir zu. Von außen betrachtet bin ich sehr frei und unabhängig, und doch ist manches, wie zum Beispiel diese ständigen sexuellen Eskapaden, ein Zwang.

Was glaubst du dadurch zu bekommen?

Ich fühle mich dann sehr lebendig. Es ist, als würde ich eine Riesenportion Jugend und Leben auftanken. Das ist aber nur für kurze Zeit. Dann verfliegt langsam wieder mein Interesse, und meist kommt ein neuer hübscher Schmetterling vorbeigeflogen. (Lacht) In letzter Zeit fühlte ich mich damit nicht mehr wohl. Trotzdem mache ich weiter. Es ist, als würde mir sonst etwas fehlen.

Die Lebendigkeit, die du in deinen Affären suchst, offenbart sich, wenn du dich jeder Erfahrung in deinem Leben öffnest. Die Antwort liegt in der Präsenz.

Die Gefühle ganz fühlen, im Tun präsent sein, das ganze Leben einatmen. Es geht bei dir nicht wirklich um sexuelle Affären und Abenteuer. Das ist nur die Oberfläche. Darunter liegt, wie du selbst schon gesagt hast, die Sehnsucht nach Lebendigkeit und danach, die Intensität des Lebens zuzulassen, mit jeder Faser deines Seins wahrhaftig zu leben. Ich habe das Gefühl, du hast dich mit manchem arrangiert, was dir nicht entspricht, und bist, was den einen oder anderen Aspekt betrifft, eingeschlafen.

Ja, genau, woher weißt du das? Das ist wirklich so, besonders beruflich. Ich bin in die Firma meines Vaters eingestiegen, er war und ist sehr erfolgreich. Ich fühle mich dort unfrei, irgendwie thront er immer über allem. Ich habe meine Wünsche und Träume zurückgestellt. Für alle anderen bin ich auch sehr erfolgreich, und bei den Angestellten bin ich auch als Chef beliebt, aber ich habe vieles von mir begraben und mich wirklich mit zu vielem arrangiert. Ich hatte bis jetzt nicht den Mut, auszusteigen und mich selbstständig zu machen. Da ist einerseits die finanzielle Sicherheit, obwohl das nicht wirklich ein Problem ist. Außerdem scheue ich Konflikte mit meinem Vater, der erwartet, dass ich die Firma ganz in seinem Sinne weiterführe. Vielleicht habe ich auch Angst, dass ich allein doch versagen könnte, obwohl ich die wirklich nicht zu haben brauche. Ich mache meine Arbeit wirklich gut.

Es ist wohl an der Zeit, etwas zu wagen. Das Gefühl verdichtet sich seit einigen Wochen. Dass wir jetzt hier auch auf dieses Thema zu sprechen kommen, obwohl ich ja ein ganz anderes angeführt habe, verblüfft mich und bestätigt das umso mehr. Hier zu sein ist für mich auch ein Wagnis. Da musste ich auch manchen Zweifel über-

winden, und doch wusste ich, dass es wichtig ist, zu
kommen. Ich glaube, die Zeit ist wirklich reif, meine
Resignation aufzugeben. Ich merke jetzt erst, wie ich
mich und einen Großteil meines Lebens aufgegeben
hatte. Doch spüre ich ganz intensiv, dass diese Zeit
jetzt vorbei ist.

Lassen wir jetzt die Worte ruhen, spür das, was jetzt ist.

Ich fühle mich wach und sehr lebendig.

Und das ohne sexuelle Affäre. (Gruppe lacht.)
Zentral ist die innere Wachheit.

Was soll ich jetzt mit den sexuellen Affären machen?

Was ich gerade sagte: Zentral ist die innere Wachheit.
Wenn Lebendigkeit und Präsenz in dir geschehen und
du sie nicht länger nur in der Sexualität suchst, wird
sich zeigen, was dann noch bedeutsam und wichtig ist,
auch in Bezug auf deine Affären.

2. Ich war sehr erleichtert, als ich in einer Zeitschrift in
einem Interview mit dir gelesen habe, dass du, obwohl
du in einer glücklichen Beziehung lebst, eine lange sexu-
elle Pause hattest und Sexualität sich für dich verändert
hat. Es macht mir nämlich Sorgen, dass ich seit einem
dreiviertel Jahr überhaupt keine Lust mehr auf Sex habe.
Da ich eine Schwarz-Weiß-Denkerin bin, ist meine Angst,
dass ich nie wieder Sex haben werde.

Und wenn du nie wieder Sex hättest, wo ist das Pro-
blem? Wenn du von innen heraus keinen Impuls zu Sex
spürst und dich nicht an dem Gedanken festhältst, dass
du doch Sex haben müsstest, gibt es kein Leiden. Du

bist erfüllt, auch wenn du keinen Sex hast. Darüber hinaus lass die Zukunft Zukunft sein. Du könntest schon heute Abend wieder einen sexuellen Impuls verspüren, vielleicht erst in einem Jahr oder auch nie mehr, wie du befürchtest. Alles in Ordnung. Wir müssen das jetzt nicht wissen. Es findet seinen Weg. Hast du denn darunter gelitten, keinen Sex gehabt zu haben?

Nein, überhaupt nicht. Ich hätte ja Sex mit meinem Freund haben können, aber dazu verspürte ich keinen Drang. Ich vermisse nichts.

Ist doch prima! Das Problem ist einzig der Glaube: „Bis zum Ende des Lebens keinen Sex zu haben, muss schrecklich sein." Das ist wirklich nur ein Glaubenssatz. Erstens weißt du nicht, ob das überhaupt so eintrifft, und selbst wenn, du hast ja jetzt auch keinen Sex, ohne dass dir etwas fehlt. Wenn es wirklich Ausdruck deiner inneren Wahrhaftigkeit ist, wird dir nichts fehlen. Und wenn es wahrhaftig ist, Sex zu haben, wirst du Sex haben. Genieß das Dasein jetzt. Du strahlst wundervoll. Ich sehe bei dir kein Problem, da ist nur dieser eine Gedanke. Lass dich von dem nicht beeindrucken. Du darfst jetzt frei und glücklich sein.

Mir geht es wirklich sehr, sehr gut, und doch ist es, als würde ein kleiner Funke immer noch für Angst und Unruhe sorgen müssen, damit ich nicht ganz glücklich sein darf.

Bingo!

Deine Worte berühren mich: Ich darf frei und glücklich sein. Ja, ich bin es. Das überrascht mich selbst. Da ist nur ein Teil, der glaubt, dass es mir nicht zusteht.

Du darfst frei und glücklich sein. Willkommen.

Ja, das stimmt, da ist nichts mehr.

Gut.

Ich fühl mich, als würde ich fliegen und gleichzeitig mit beiden Beinen fest auf dem Boden sein. Es ist wirklich einfach. Das kann doch nicht sein!

Doch, warum nicht?

Vielen, vielen Dank. Darf ich dich umarmen?

Ja, gerne.

DIE FALLE DER BESONDERHEIT

Wir Menschen beschäftigen uns mit komplizierten Dingen, haben bahnbrechende Fortschritte und beeindruckende Errungenschaften hervorgebracht. Der Bezug zum Wesentlichen ist uns dabei aber an vielen Stellen verloren gegangen. Was helfen alle wissenschaftlichen und technischen Fortschritte, aller Wohlstand, wenn wir nicht glücklich sind. Wir machen uns selbst das Leben schwer, vergessen die Einfachheit des Glücks und missachten die natürlichen Gesetzmäßigkeiten.

Vieles haben wir unnötig verkompliziert. Das betrifft nicht nur gesellschaftliche oder wirtschaftliche Belange, sondern unser ganzes Leben, besonders auch unsere Gedanken- und Gefühlswelt. Verwirrt und kompliziert zu sein, ist zur Normalität geworden. Um die einfachsten Dinge, um unser natürliches Wesen, haben wir ein solches Brimborium aufgebaut, dass es uns schwerfällt, es noch zu erkennen.

Dabei ist das Leben nur kompliziert, wenn wir das Wesentliche, die Schönheit, die in der Einfachheit unseres Lebens liegt, übersehen. Glück erhoffen wir uns eher von dem Besonderen. Wir glauben, nur in besonderen Situationen glücklich sein zu können: Wenn wir im Urlaub sind, frisch verliebt oder besonders guten Sex haben. Durch unsere Konsumgesellschaft beeinflusst, sind wir darauf ausgerichtet, nach immer wieder neuen Genüssen, nach besonderen Erfahrungen und Reizen zu suchen. Manchmal erkennen wir die Geschenke unseres alltäglichen Lebens nicht, weil wir nur nach Außergewöhnlichem streben.

Das bezieht sich auch auf die Menschen, mit denen wir leben. Wenn wir verliebt sind, sehen wir meist die individuelle Schönheit, die Besonderheit des anderen. Manchmal sehen wir jedoch nur die Bilder, die wir uns vom anderen machen, und weniger das, was wirklich ist. Wenn wir uns näher kennenlernen und sich der Alltag einstellt, scheint oft die Liebe abhanden zu kommen. Durch die Anziehung zu einem Menschen, durch eine neue schöne Umgebung, durch Erfolg oder Geld können wir wie in einen Rausch eintauchen. Sind wir jedoch wieder mit den vielfältigen Facetten des Lebens konfrontiert, erscheint alles in einem nüchternen Licht.

Die Kunst in Partnerschaften wie überhaupt in unserem Leben ist es, alle Facetten des Lebens und jeden Moment anzunehmen und Glück und Liebe nicht auf besondere Merkmale und Situationen zu beschränken. Es geht um unser ganzes Leben, um die Offenheit für uns Menschen mit allen unseren Ecken und Kanten. Oft schätzen wir die Menschen in unserer Nähe nicht, haben an unserem Partner, den Eltern, Kindern oder Freunden immer etwas auszusetzen und übersehen die Schönheit in ihrer Art zu sein. Viele Frauen sind enttäuscht, wenn ihr Mann nicht für besondere und romantische Situationen sorgt – als Zeichen der Liebe. Aber viele Männer lieben auf eine unromantischere, stillere und einfachere Art und Weise.

Sehen wir in Beziehungen, was wir als Zeichen der Liebe interpretieren, nicht erfüllt, sind wir oft ungehalten und fühlen uns nicht ausreichend geachtet und geliebt. Wir sind dann enttäuscht, weil wir nur das als Liebe und Glück akzeptieren wollen, was unseren Vorstellungen entspricht. Dabei drücken sich Liebe und Glück in Einfachheit genauso aus wie in den schillernden Momenten des Daseins. Der Besonderheit hinterherzulaufen verhindert nur, dass wir uns des grundlosen Glücks, das einfach gegenwärtig ist, bewusst sind. Was in aller Einfachheit bereits ist, scheint oft nicht gut genug zu sein.

Viele Menschen erleiden großen Schmerz, weil sie lieber nach dem Unerreichbaren, nach den Sternen am Himmel greifen und die Geschenke in unmittelbarer Nähe übersehen. Ein sehr schmerzhaftes Muster kann zum Beispiel sein, dass nur die Menschen für uns von Interesse sind, um deren Liebe und Achtung wir kämpfen müssen. Die uns lieben, wie wir sind, werden manchmal nicht einmal wahrgenommen. Natürlich hat das Besondere seinen Reiz, aber auch seine Tücken. Es scheint immer das zu sein, was gerade nicht oder schwer erreichbar ist. Die Schönheit des Gegenwärtigen wird uns oft erst im Nachhinein bewusst, erst dann, wenn es nicht mehr ist. Anstatt nach den Sternen zu greifen, können wir uns dem Stern im Inneren sowie den Geschenken dieses Augenblicks öffnen. Denn selbst wenn wir das, wonach wir streben, erreicht haben, verliert es meist schon wieder seinen Reiz, und das Spiel geht wieder von Neuem los.

Der Weg aus diesem Hamsterrad ist, innezuhalten und uns auf das Wesentliche zu besinnen. Die Suche nach immer wieder neuen Highlights, nach vermeintlichen Boten des Glücks, verursacht Unzufriedenheit und ist unnütz. Wir verhindern damit, in jedem Moment glücklich zu sein. Dabei ist das Leben einfach. Glücklich zu sein ist einfach. Wir machen es uns nur unnötig schwer. Früher glaubte ich, jeder Mensch habe mindestens ein Problem. Würde er das Gegenteil behaupten, könne er nicht ehrlich sein. Manchmal fühlte ich, wie manche Menschen etwas plagte, sie das aber entweder verdrängten oder es als Schwäche ansahen, darüber zu sprechen. Dass ein Mensch einfach glücklich und frei sein kann, hielt ich für unmöglich. Vielleicht konnte ich es aber auch durch meinen inneren Film „Jeder Mensch hat ein Problem" nicht erkennen.

Es hilft aber genauso wenig, uns einzureden, alles sei einfach und wir seien glücklich, obwohl wir anders fühlen. Eine Inszenierung „Sind wir nicht alle glücklich?" macht uns genauso wenig frei wie positives Denken und Affirmationen. Selbst wenn wir traurig sind, steht das dem grundlosen Glück nicht im Wege. Das ist immer da und hat nicht bestimmte Gedanken und Gefühle zur Grundlage. Innere Gelassenheit geschieht, wenn alles sein und gefühlt werden darf und wir in Frieden sind mit der Einfachheit des Lebens, mit dem „Alltäglichen".

Welche Befreiung, wenn das Konzept verschwindet, besondere Erlebnisse, Menschen und Gefühle zu brauchen, um glücklich zu sein! Unsere Vorstellungen davon, was uns glücklich macht, schränken uns nur ein. Genießen wir das, was gerade ist! Es liegt in allem eine Ausgewogenheit: Zeiten, in denen wir arbeiten und Zeiten, in denen wir auf dem Sofa unsere Beine hochlegen. Wie sehr beschneiden wir das Glücklichsein, wenn wir es immer nur mit etwas Speziellem in Verbindung bringen! Dabei liegt Glück in allen Erfahrungen, in jeder Handlung, in jedem Tun. Wenn wir es von besonderen Situationen abhängig machen, glauben wir, wenn diese nicht gegeben sind, nicht glücklich sein zu können. Was für ein Irrtum!!

Es eröffnet sich die Unendlichkeit des Glücks, wenn alles nicht mehr an einer Glücksbewertungsskala gemessen wird. Dann ist jede Erfahrung, auch die, die wir sonst als Hindernis für unser Glück betrachtet hätten, nur eine Erfahrung, während wir unberührt von allem in grundlosem Glück ruhen. Was uns in Angst und Unruhe versetzt, ist meist nichts anderes als unsere eigene Gefühls- und Gedankenwelt. Wir erzeugen durch unsere unreflektierten Glaubenssätze und emotionalen Muster Probleme, die nicht existieren. Wenn wir dieses Spiel enttarnen, lösen sich die Probleme auf. Ohne gefühllos zu sein, können wir uns der Verhältnismäßigkeit der Geschehnisse bewusst sein. Wir brauchen dann nicht nach Highlights zu suchen, sondern erfahren intensiv jeden einzelnen Moment.

Wenn wir immer nur dem Besonderen hinterherjagen, ist das feindselig gegenüber dem, was jetzt ist. Denn das wird an Vorstellungen und Erwartungen gemessen, die sich nie der Realität stellen müssen. Dabei ist bereits alles auf seine eigene Art und Weise vollkommen. Wir vermeiden es, die Einfachheit des Daseins zu erfahren, und tappen in die Falle der Besonderheit u. a. auch, weil wir Angst vor Bedeutungslosigkeit haben und davor, ausgelöscht zu sein. Und das trifft nicht nur auf Politiker oder Berühmtheiten zu, die sich unsterblich machen wollen.

Es ist für uns alle wichtig, die Vergänglichkeit unseres Körpers und dieses Lebens offen anzuschauen. Dabei können wir uns dessen bewusst werden, was nie stirbt, nie geboren wurde, ewig und unsterblich ist. Wie sehr wir uns auch – getrieben von Angst – anstrengen, diesem Körper, diesem Ich den Hauch des Besonderen, des Unsterblichen einzuflößen, wir werden damit keinen nachhaltigen Erfolg haben. Wenn das Klammern an den Körper und an das Ich wegfällt, bleibt nur grundloses Glück. Wir werden uns der Zeitlosigkeit des einen Selbst bewusst. Denn unser Sein hat nicht erst mit der Geburt unseres Körpers begonnen und endet auch nicht mit dessen Tod. Es ist jenseits von Zeit und Raum.

Sind wir der Quelle, der Unabhängigkeit des Glücks gewahr, sind wir glücklich, gleichgültig mit wem wir sind und was wir tun. Sobald wir aber bestimmten Menschen oder Situationen eine besondere Bedeutung für unser Glück geben, scheinen sie, wenn sie unsere Wünsche nicht erfüllen, auch unsere größten Störfaktoren zu sein. An diese Menschen und Situationen richten wir dann auch besondere Erwartungen. Wir vergessen dabei, selbst aus unserer Quelle heraus glücklich zu sein.

Solange wir Glück außerhalb von uns und nur in besonderen Dingen vermuten, sind wir gefangen. Dabei kann jeder Moment, auf seine Art und Weise, der glücklichste unseres

Lebens sein. Jeder Moment ist besonders. Jeder Moment ist neu, wenn wir uns unvoreingenommen auf ihn einlassen. Einfach nur den Moment ganz kosten, das Leben ganz kosten. Wenn wir den Moment ganz erfahren, erfüllt er uns. Sind wir jedoch nicht offen für den gegenwärtigen Moment, weil wir anderes erwarten, kann sich uns seine Vollkommenheit nicht offenbaren.

Was ist an der Alltäglichkeit unseres Lebens einschließlich seiner Herausforderungen falsch? Genießen wir doch alles. Grundloses Glück ist, egal ob wir gerade lachen oder weinen, ob wir in der Südsee Urlaub machen oder zu Hause den Fußboden schrubben. Was ist besonders? Da ist Besonderheit in der Einfachheit und Einfachheit in der Besonderheit. Was sind die Highlights, von denen ihr euch Glück versprecht? Bedeutet es Glück, wenn eure Kinder zu Hause sind und Verlassenheit, wenn sie sich nicht um euch kümmern? Ist es Glück, wenn euer Partner euch Blumen schenkt, und bricht die Welt zusammen, wenn er euren Geburtstag vergisst? Ist es Glück, wenn ihr von eurem Chef gelobt werdet, und verlässt es euch, wenn er es nicht tut?

Das Glück ist immer – wenn unsere Aufträge zurückgehen genauso wie wenn wir super erfolgreich eine Umsatzsteigerung nach der anderen erzielen. Natürlich kann es mit einem anderen Gefühl, vielleicht auch manchmal mit Traurigkeit oder Wut verbunden sein. Grundloses Glück umfasst alles, liebt alles, nicht nur das Glänzende, das offensichtlich Strahlende und Erhabene. Es ist nur unser Glaube, alles müsse eitel Freude und Sonnenschein sein, damit wir glücklich sein können.

Glücklich zu sein wird oft damit gleichgesetzt, dass wir alle nett miteinander sind und die Glückssterne vom Himmel fallen. Was ist mit all den anderen Momenten? Was ist mit den ganzen einfachen Momenten unseres Lebens, wenn wir Blumen in unserem Garten pflanzen, kochen oder Zeitung lesen? Es gibt nichts, was einzig Glück bringend ist. Oft geht es nur darum, demütig und dankbar zu sein.

Die Falle der Besonderheit ist auch im spirituellen und religiösen Kontext zu erkennen. Viele Menschen auf dem spirituellen Weg bringen das Glück oder das Göttliche meist nur mit Meditation in Verbindung – oder mit der Kirche, mit bestimmten Symbolen und Bildern oder mit dem Zusammensein mit einem spirituellen oder religiösen Lehrer. Ich will nicht in Abrede stellen, dass all das die Bewusstwerdung der Quelle erleichtern oder unterstützen kann.

Aber in Gott zu ruhen, ist in unserem Alltag genauso möglich wie in der Kirche oder in einer Meditation. Alles ist das All-Eine, das Namenlose. Wie kann es dann nicht gegenwärtig sein, wenn wir allein oder auf einem Fußballplatz sind? Dieses stille Glück kümmert sich nicht um Besonderheiten. Es ist vollkommen aus sich selbst heraus. Wie befreiend ist es doch, nichts Besonderes zu brauchen! Wie oft kann gerade dann das Besondere von selbst geschehen! Wir müssen dazu aber auch kein „ärmliches Leben" führen und Luxus ablehnen. Wenn wir „Glitzer und Glamour", die große Bühne, die Show im Leben, das Besondere mögen, dann ist auch das wundervoll. Es geht nicht um äußere Vorgaben, vielmehr um die innere Dimension, um die Einfachheit des Glücks, das nichts Besonderes bedarf und einfach immer ist.

Fragen und Antworten

Wenn ich auf einem Seminar mit dir bin, werde ich ruhig, bin wie aufgetankt und fühle mich lebendig. Wenn ich aber zurück im Alltag bin, fällt es mir schwer, dieses Bewusstsein zu halten.

Viele Menschen gehen von Lehrer zu Lehrer, um dort zu tanken. Das mag eine Zeit lang hilfreich sein. Doch geht es, wie jetzt auch bei dir, um etwas ganz anderes. Ich freue mich sehr, dich zu sehen. Doch was willst du bei mir tanken, wenn du dasselbe bist? Die Essenz, das Glück gehört niemandem. Ich kann dich nur immer wieder daran erinnern, dass du das alles selbst bist, dasselbe Sein, was auch ich bin. Dieser Frieden ist immer und hat mit mir nichts zu tun. Es geht nicht um mich. Es ist das Sein und an keine Person, an kein Ich gebunden. Ich bin nichts Besonderes, nur dasselbe wie alle Menschen. Ich sehe nichts anderes. Du spürst hier nur das, was auch du bist, jenseits unserer Körper und unserer Namen. Und das ist nichts Besonderes, nur unser aller Sein. Ich eigne mich nicht dafür, den Glauben zu unterstützen, dass ich etwas bin oder habe, was andere nicht haben oder sind. Bleib einfach bei dir, bei deinem Leben, wie es ist. Da ist auch nichts als Vollkommenheit.

Dass du so herrlich normal bist, hilft mir zu sehen, dass es wirklich einfach ist, glücklich zu sein; und doch erscheint es mir manchmal schwer.

Ja, das ist die Welt der Erscheinungen, ein Kommen und Gehen von Gedanken, Gefühlen und Interpretationen. Da erscheinen die Dinge einmal so und dann wieder ganz anders. Da erscheint es, als wäre glücklich zu sein manchmal leicht und dann ganz schwer. Die Frage ist, ob du darauf einsteigst. Grundloses Glück ist immer auch unberührt davon. Es geht nicht um die üblichen Wellen von Glück und Unglück, sondern um das, was tiefer und unberührt von allen Stimmungen, ruhig und unveränderlich ist. Ich spreche nicht von „Glücklichsein – Trallala" in einer Welt, in der nur bestimmte Dinge sein dürfen. Grundloses Glück ist mit und in allem, selbst dann, wenn es weit weg zu sein scheint. Es klingt vielleicht paradox. In dem Einverstandensein mit dem, was ist, auch damit, nicht immer voller Freude zu sein, liegt ein stilles Glück. Es geht nicht um Highlights, sondern um das ganze Leben.

ZEITLINIEN

Grundloses Glück entfaltet sich durch unsere vollständige Präsenz im gegenwärtigen Moment, unabhängig von Vergangenheit und Zukunft. Das Glücklichsein steht mit dem Jetzt in Verbindung, bezieht sich ausschließlich auf die Gegenwart. Es bedeutet nicht, erst glücklich zu werden, sondern es jetzt zu sein. Selten sind wir offen genug, den jetzigen Moment in seiner Vollkommenheit zu erfahren, wird er doch oft genug vom Lärm unserer Gedanken und der Beschäftigung mit vergangenen und zukünftigen Situationen verschleiert. Häufig sind wir mit unserer Aufmerksamkeit in der Vergangenheit oder in der Zukunft und verhindern damit, den Moment in seiner ganzen Intensität zu erleben. Dabei liegt nur in diesem Augenblick grundloses Glück.

Die Wichtigkeit des gegenwärtigen Momentes für das Glück hätte ich nie für möglich gehalten. Das wäre mir früher zu lapidar erschienen, und außerdem waren mir meine Zukunft und das Erreichen bestimmter Ziele viel zu wichtig, als dass die Gegenwart hätte ausreichend sein können. Vor vielen Jahren, als grundloses Glück erwachte, sah ich morgens direkt nach dem Aufwachen mein ganzes Leben vor mir wie einen Film auf einer Linie von Zeitgeschehnissen. Dann schrumpfte diese Lebenslinie zu einem Punkt zusammen und löste sich auf, Vergangenheit und Zukunft wurden vollständig vom gegenwärtigen Moment absorbiert. Als diese Zeitlinie still stand und sich auf einen Punkt komprimierte, verankerte sich das Empfinden von Vollständigkeit im Hier und Jetzt. Es gab keinen Bezug mehr zu Vergangenheit und Zukunft. Reine Präsenz, pures Sein, vollkommene Gegenwärtigkeit. Ich hatte mich vorher nie mit Zeitlosigkeit und auch nicht mit Präsenz beschäftigt. Es war eine überraschende Erfahrung, die gleichzeitig sehr vertraut und selbstverständlich war. Die Erwartung von einem Glück in der Zukunft wich dem Erfülltsein im Jetzt.

Viele Menschen haben das Gefühl, der gegenwärtige Moment sei nicht ausreichend, um vollständig glücklich zu sein, und hoffen deshalb auf bessere zukünftige Umstände. Früher haben mich auch immer wieder Gedanken begleitet wie: „Wenn ich schon mal mein Abitur in der Tasche, einen netten Mann an meiner Seite und die ein oder andere unangenehme Situation hinter mir hätte, könnte ich vollständig glücklich sein." Unbewusst hoffte ich immer wieder auf eine Verbesserung meines Lebens. Das Glück auf die Zukunft zu projizieren und es dort zu erhoffen, hilft uns weder jetzt noch in der Zukunft. Es lässt uns nur nie ganz zufrieden und glücklich sein. Grundloses Glück offenbart sich, wenn wir vollständig im gegenwärtigen Moment sind, ohne auf eine Veränderung zu warten. Sind wir mit dem, was jetzt ist, in Frieden, ruhen wir von selbst in grundlosem Glück. Es ist nicht wichtig, was morgen sein wird.

Wie oft haben wir uns Gedanken gemacht über Dinge, die noch nicht sind! Ist es dann soweit, ist alles anders. Wenn wir uns mit Hoffnungen oder Befürchtungen verrückt machen, vergessen wir dabei, das Leben jetzt zu genießen. Was wirklich in der Zukunft geschieht, ist bedeutungslos für das Jetzt. Natürlich können Gedanken an die Zukunft, Pläne und Terminabsprachen geschehen. Das wird nur dann zu einem Problem, wenn wir dem zu viel Bedeutung geben und das Leben im gegenwärtigen Moment vergessen. Was in der Zukunft geschehen wird, ob Pläne umgesetzt werden oder Wünsche in Erfüllung gehen, ist für unser Glück jetzt nicht von Bedeutung. Was wollen wir mehr, als jetzt glücklich zu sein?

Wir müssen aber auch nicht gegen Gedanken an die Zukunft ankämpfen, wir können Pläne machen und Verabredungen treffen. Es hilft uns nicht, daraus einen „Leben-im-Jetzt-Sport", also wieder ein Konzept zu machen, um uns an etwas festzuhalten und eine Orientierung zu haben. Damit machen wir wieder aus etwas Natürlichem etwas Künstliches, Konstruiertes. Wir müssen nichts erzwingen. Jetzt vollständig präsent zu sein, lässt Vergangenheit und Zukunft von selbst erblassen.

Sobald wir uns aber zu sehr mit der Vergangenheit und der Zukunft beschäftigen und sie in Bezug zu unserem Glück setzen, vergessen wir das Bewusstsein stillen Glücks. Vergangenheit und Zukunft sind nicht relevant, weil vollständiges Glück jetzt ist. Die Vergangenheit ist vorbei. Und doch sind wir manchmal so sehr in ihr verhaftet, dass wir das Jetzt nicht mehr wahrnehmen können. Es dreht sich dabei meist um alte Verletzungen, um Schuldzuweisungen und Vorwürfe. Anstatt es gut sein zu lassen, hadern wir weiter. Wir können manchmal nicht akzeptieren, was ist, fühlen uns übervorteilt und sind unversöhnlich.

Was vor zehn Jahren, gestern oder selbst im vorangegangenen Moment noch war und wer was wem angetan zu haben scheint, ist jedoch unbedeutend. Das herauszufinden dient niemandem wirklich, außer unserem verletzten Stolz und dem Wunsch, Recht zu haben. Wer will wem etwas vorwerfen? Reine Zeitverschwendung! Es ist vorbei und nicht mehr existent. Das gilt nicht nur für schwierige Erfahrungen. Manchmal geben wir der Gegenwart auch deshalb keine Chance, weil wir an angenehmen Erfahrungen festhalten, sie idealisieren und wiederherstellen wollen.

Vor Jahren sah ich eine Frau wieder, die ich schon einige Zeit kannte und die auffallend stark auf die Vergangenheit fixiert war. In der tief verschneiten Märchenlandschaft, in der wir uns befanden, war der Frieden förmlich greifbar, ungewöhnlich stofflich erfahrbar. Selten durchstrahlt eine solche Unschuld, eine solche Stille, so offensichtlich die Materie. Einen Moment registrierte auch sie diese unglaubliche Schönheit. Doch sofort erzählte sie mir wieder, wie schön es damals in ihrer Kindheit mit ihrer Familie war und wie allein und traurig sie jetzt in ihrem Leben ist. Sie vermisse ihren Vater, der nun schon über 20 Jahre tot ist, und die Geborgenheit ihrer Kindheit, obwohl sie in Kriegszeiten aufgewachsen ist. Sie hatte selbst schon lange Kinder und Enkelkinder. Sie jammerte dauernd, dass früher alles besser gewesen sei. Ob dem wirklich so war, sei dahingestellt. Sie nahm nur eine kurze Sekunde lang den jetzigen Moment, diese unglaubliche Schönheit wahr, um dann wieder in Gedanken und mit Worten in die Vergangenheit zu reisen. Es war bei ihr wie ein Zwang, nicht wahrzunehmen, was jetzt wirklich ist. Ich erinnerte sie spielerisch an den gegenwärtigen Moment. Irgendwann sagte sie: „Sicher interessieren Sie meine Geschichten von früher nicht. Ich habe sie Ihnen alle auch schon mehrmals erzählt." Ich sagte: „Ja. Ich genieße es gerade, mit Ihnen hier in dieser wunderbaren Landschaft zu sein." Sie meinte plötzlich von selbst: „Oh ja, ich glaube, mir tut es nicht gut, immer in den alten Gedanken zu schwelgen. Genießen wir die Schönheit der Natur!"

Bei ihr war sehr ausgeprägt zu beobachten, was wir wohl alle kennen: Nicht wahrzunehmen, wie Glück bereits gegenwärtig ist und wir geborgen im größeren Ganzen sind. Gefangen in Erinnerungen oder Erwartungen, alles damit vergleichend, verblasst der gegenwärtige Moment. Glück und Liebe vermissend und idealisierend, verhindern wir, sie direkt und unmittelbar im Jetzt zu erfahren. Wir stülpen alle mehr oder weniger den einen oder anderen Film der Wirklichkeit über und registrieren nicht, was wirklich ist. Ein Film kann zum Beispiel heißen: „Ich bin allein, und früher war alles besser." Wir lassen damit nicht die Möglichkeit zu, im gegenwärtigen Moment eine neue Erfahrung zu machen, uns im Dasein selbst geborgen zu fühlen. Stattdessen singen wir immer wieder die alten Mangel- und Jammerarien.

Mit dem Festhalten an unseren alten Geschichten verhindern wir, uns vom Frieden jetzt berühren zu lassen. Die wichtigste Veränderung, die auf meinem Weg geschehen ist, ist das Glück jetzt. Das ist aber kein Entschluss, keine Einstellung oder Bemühung. Es geschieht einfach von selbst, eine innere Selbstverständlichkeit, ohne Tun und Absicht. Wir können nichts erzwingen und sind viel glücklicher, wenn wir das Leben frei fließen lassen. Dann hört das innere Getriebensein von selbst auf, und wir sind glücklich mit dem, was jetzt ist.

Normalerweise sind wir darauf ausgerichtet, Absichten zu haben und Ziele zu verfolgen. Das ist in unserer Gesellschaft von großer Bedeutung. Wir sind dabei meist so fixiert auf das Ziel, dass das Tun an sich selten von Präsenz erfüllt ist und wir stärker am Ergebnis interessiert sind als uns am direkten Erleben zu erfreuen. Unsere ganze Aufmerksamkeit wird von dem imaginären Ziel absorbiert. Körperlich sind wir zwar anwesend, doch unsere Energie ist außerhalb unseres Körpers auf einen zukünftigen Zeitpunkt ausgerichtet. Das erzeugt mangelnde Zentrierung. Wir verhindern mit dieser übertriebenen Fixierung auf Absichten und Ziele, jetzt glücklich, unbekümmert und frei zu sein. Natürlich ist gegen Ziele nichts einzuwenden. Nur: Wenn wir „glücklich zu sein" damit in Verbindung bringen, erst ein Ziel erreichen zu müssen, was ist dann jetzt, was ist mit dem Weg, mit jedem einzelnen Schritt? Auf dem Weg hat schon jeder einzelne Moment seine eigene Schönheit. Glück liegt nicht in dem Prinzip „schneller, höher, weiter".

Die Fixierung auf ein bestimmtes Ziel, von dem wir uns Erfüllung versprechen, erzeugt die Ebene der Zeit und lässt uns des zeitlosen Selbst nicht bewusst sein. Es erzeugt etwas Zukünftiges, das erreicht werden muss, damit wir glücklich sein können. Was, wenn Erfüllung nicht darin liegt, ob wir unsere Ziele, Wünsche und Absichten in Zukunft verwirklicht sehen, sondern in dem, was jetzt ist? Dann ist jeder Moment erfüllt von Glück. Was, wenn unser „da Sein" an sich erfüllend ist?

Lassen wir die Zukunft Zukunft und die Vergangenheit Vergangenheit sein. Egal, was in unserem Leben passiert ist, was wir uns oder anderen und der Vergangenheit vorwerfen, es ist unbedeutend für das Glück jetzt. Selbst für uns schmerzhafte vergangene Erfahrungen können das grundlose Glück nicht stören oder schmälern. Falls Gefühle, die mit der Vergangenheit in Verbindung stehen, von selbst im gegenwärtigen Moment erscheinen, können wir sie geschehen lassen. Sie müssen nicht unterdrückt oder abgespalten werden. Die Gefühle fließen zu lassen, die wir in der Vergangenheit verdrängt haben, kann auch befreiend sein. Das heißt aber nicht, darin zu schwelgen und somit an ihnen festzuhalten. Im Gegensatz dazu wollen manche Menschen mit der Vergangenheit nichts zu tun haben, fliehen vor ihr und werden dabei von ihr bestimmt, sind trotzdem in ihr gefangen.

An welchen unglücklichen oder glücklichen Erfahrungen haltet ihr fest? Mit welchen Erfahrungen der Vergangenheit vergleicht ihr das Jetzt? Welche Ziele und Erwartungen an die Zukunft setzen euch unter Druck? Wovon erhofft ihr euch in der Zukunft Glück? Was glaubt ihr, sollte in Erfüllung gehen?

Gebt alles frei! Die meisten Menschen können leicht nachvollziehen, dass die Vergangenheit vorbei ist und an Altlasten festzuhalten uns nicht gerade glücklich macht. Was die Zukunft betrifft, sieht das anders aus, denn von Wünschen und Erwartungen an die Zukunft versprechen wir uns Verbesserungen und mehr Glück. Doch wir leben jetzt.

Am Punkt Null sind wir frei von Vergangenheit und Zukunft. Mit nichts in der Hand sind wir hier und jetzt glücklich. Alle Bilder von uns, wie wir waren, sind und sein sollten, verblassen und verschwinden schließlich. Wir sind einfach, ruhend in der Gegenwärtigkeit, losgelöst von einem Glück, das durch die Vergangenheit behindert oder von der Zukunft erhofft wird. In der Zukunft ist in Bezug auf das grundlose Glück nichts, was nicht jetzt auch schon ist. Selbst die Erfüllung unserer Wünsche garantiert uns nicht, glücklich zu sein. Das Glück ist immer nur jetzt. Worauf wartet ihr? Hier und jetzt seid ihr frei, hier und jetzt könnt ihr glücklich sein!

Lest die folgenden Worte aufmerksam durch und macht dann die Übung mit geschlossenen Augen.

Übung der Zeitlinie

Ihr liegt, ihr sitzt, ihr seid, das ist alles. Ihr könnt eine Zeitlinie vor euch sehen. Lasst die Zeit stillstehen. Lasst jedes Ausweichen in die Vergangenheit oder in die Zukunft in den Hintergrund treten. Jede Zeitlinie, die sich aufbaut, jeder Gedanke, der nach vorne oder zurück strebt, versiegt in eurem Körper, in der Präsenz hier und jetzt. Lasst die Bewegung vorwärts in Richtung Zukunft und rückwärts in Richtung Vergangenheit auf der Zeitlinie stillstehen. Greift einfach nicht zu. Ruht nur im Jetzt. Alles verschwindet. Vergangenheit und Zukunft werden von der vollständigen Gegenwärtigkeit absorbiert. Wenn ihr euch frei und ganz präsent fühlt, öffnet wieder eure Augen.

Unsere Aufmerksamkeit zieht, wenn wir sie nach vorne auf die Zukunft richten, eine Zeitlinie. Es ist sogar körperlich und energetisch sichtbar, wie wir mit unserer Aufmerksamkeit außerhalb unseres Körpers auf einen zukünftigen Zeitpunkt ausgerichtet sind.

Ich habe deswegen aus meiner Erfahrung mit der Zeitlinie die oben in stark gekürzter Form abgedruckte Übung entwickelt, die das Bewusstsein unterstützen kann, sich im Hier und Jetzt zu verankern. Doch macht daraus keine Anstrengung, weil ihr denkt, das neue, Glück versprechende Ziel sei, ohne Vergangenheit und Zukunft zu sein. So funktioniert das nicht! Das Problem ist vielmehr, dass wir viel zu viel wollen. Lasst es laufen. Da ist nichts zu erreichen. Es ist nicht von Bedeutung, was war und was sein wird. Leer und absichtslos, nicht wissend, wohin der Weg geht, fließen wir mit dem Fluss des Lebens, erfüllt von grundlosem Glück. Sobald wir uns nicht mehr an unseren Zielen festbeißen, sind wir frei, unsere Füße selbst den für sie vorgegebenen Weg gehen zu lassen. Wenn wir uns an Absichten und Ziele klammern, folgen wir Luftschlössern und sind mit unserer Aufmerksamkeit nur in Gedanken.

Den Großteil unseres Lebens sind wir mehr in unserer Gedanken- und Vorstellungswelt versunken als wirklich im Leben und im Körper präsent. Vieles erleben wir nicht bewusst, sondern kreieren eine Pseudowelt. Wie selten schenken wir dem Leben direkt unsere uneingeschränkte Aufmerksamkeit? Wir vermeiden es, ganz präsent zu sein und das Leben selbst zu erfahren anstatt unseren Vorstellungen und Projektionen nachzulaufen. Was ist an dem Leben falsch, dass wir es nicht ganz annehmen und direkt mit jeder Faser unseres Seins erleben wollen? Sind wir in unserer Gedankenwelt gefangen? Raucht uns der Kopf, und das Leben zieht an uns vorbei? Wenn es ein Problem gibt, versuchen wir oft, eine Lösung zu finden, indem wir uns Gedanken machen und alles hin und her wälzen. Meistens löst sich damit nichts. Es erzeugt nur Unruhe, und die Gedanken kreisen.

Wenn wir etwas ändern wollen, dann können wir jetzt handeln. Ansonsten können wir es gut sein und ruhen lassen, bis der richtige Zeitpunkt gekommen ist. Ein ständiges „Wenn und Aber" oder „Was wäre wenn?" oder „Was soll ich tun?", „Wie soll ich mich entscheiden?" lähmt uns und entfernt uns vom Leben.

Das Leben führte mich in einem Urlaub überraschenderweise nach Indien, obwohl ich mich mit diesem Land nie besonders verbunden fühlte. Mein Mann und ich trafen in einem Strandcafé einen 16-jährigen Jungen, der in sechs Tagen von Nepal nach Südindien gereist war. Er erzählte von Unruhen dort und dass er hierher zum Arbeiten gekommen sei, um seine Eltern in Nepal finanziell zu unterstützen. Er strahlte von innen heraus. Auf die Frage, die ein Café-Gast an ihn stellte, ob er einmal Frau und Kinder haben wolle, antwortete er, dass er jetzt lebe und glücklich sei. Alles andere sei für ihn unbedeutend. Er wisse nicht einmal, wann und ob er per Bus am Ende der Saison lebend nach Nepal zurückkehren würde. Das sagte er ohne Wehmut, nicht weniger strahlend als zuvor, mit einer erstaunlichen Nüchternheit und Akzeptanz. Es braucht keinen „indischen Guru", um wie dieser Junge in wenigen Worten alles Wichtige auf den Punkt zu bringen: Wir leben jetzt. Wir wissen nichts, auch nicht, was morgen, nicht einmal, was beim nächsten Wimpernschlag sein wird. Dieser Junge war sich der Vergänglichkeit bewusst und akzeptierte sie.

Alles Glück ist hier und jetzt. Lasst dem Leben die Möglichkeit, seine Weisheit zu offenbaren. Wie geht das? Ein wichtiger Schlüssel ist der Punkt null, an dem wir einfach nur gegenwärtig sind, nicht wissend, wie ein leeres Gefäß. Wir haben meist zu allem eine Meinung, überlagern die Wirklichkeit mit unseren Bildern und Bewertungssystemen. Wir geben der Wahrheit keine Chance, sich zu offenbaren, weil wir alles zu wissen glauben. Wann sind wir innerlich einmal nicht beschäftigt und still genug, um zuzuhören?

In Stille zu sein heißt nicht, schweigen zu müssen. Wir können reden und zugleich in Stille sein. Wir können äußerlich in Bewegung sein und doch kann der Geist still sein. Und umgekehrt: Wir können schweigen, und trotzdem kann ein inneres Geplapper uns nicht zur Ruhe kommen lassen.

Die Essenz flüstert uns zu:

Grundlos glücklich jetzt, frei von Vergangenheit und Zukunft.
Reines Sein, reine Präsenz.

Nicht von Bedeutung, wer wir glauben zu sein
oder wer wir hoffen zu werden.

Nicht von Bedeutung, was wir getan haben.

Nicht von Bedeutung, was wir tun werden.

Nicht von Bedeutung, womit wir uns schmücken.

Nicht von Bedeutung, wer uns Schmerz zugefügt hat.

Nicht von Bedeutung, was wir uns von der Zukunft verspre-
chen.

Nicht von Bedeutung, Vergangenheit und Zukunft.
Grundlos glücklich jetzt.

Und wieder flüstert die Essenz uns zu:

Reine Präsenz.

Die Zeit steht still jetzt.

Nichts als das Jetzt.

Alle Geschichten der Vergangenheit und Zukunft enden hier.

Aller Schmerz, alle Schuld.

Alle Worte versiegen im namenlosen Glück.

Nichts, was vermisst wird.

Nichts, was anders sein müsste.

Übung

Falls es jemandem schwerfällt, innerlich still und präsent im Jetzt, im Körper zu sein, kann er die Aufmerksamkeit auf die Füße richten und beim Gehen bewusst den Boden mit den Füßen berühren.

Ihr könnt daraus auch eine kleine Übung machen. Mit jedem Schritt, den ihr auf den Boden setzt, könnt ihr innerlich oder hörbar „Jetzt" sagen. Ihr könnt dabei stampfen und den Kontakt zur Erde spüren oder einen „Jetzt-Tanz" machen.

Wenn ihr euch einmal im Alltag verloren fühlt und Präsenz und grundloses Glück für euch Fremdwörter zu sein scheinen, konzentriert euch auf die Füße, den Kontakt zum Boden, seid mit der vollständigen Aufmerksamkeit im Körper. Unterstützen könnt ihr das noch durch die Worte „Hier und jetzt, grundlos glücklich, hier und jetzt, grundlos glücklich".

Wir brauchen dafür aber nicht unbedingt diese oder andere Übungen. Manchmal sind sie eher hinderlich. Es gibt Lehren, die die Achtsamkeit im Jetzt schulen. Das kann zwar hilfreich sein, doch wir neigen dazu, aus allem wieder nur eine Übung zu machen, anstatt zu fühlen, was sich von sich aus dem Selbst offenbart. Manchmal sind wir achtsam, dann wieder nicht. Manchmal mögen wir jede Blume würdigen. Ein anderes Mal bewegen wir uns einfach nur in der Natur, die körperliche Betätigung im Vordergrund, wenig von der Umgebung wahrnehmend. Wir müssen nicht alles in richtig und falsch, in ein Bild vom besseren und glücklicheren Menschen pressen.

Ich möchte meine Erfahrung mit der Zeitlinie nicht als allgemeingültiges Konzept verstanden wissen, dafür aber an die uns allen innewohnende Weisheit unserer Essenz erinnern. Die Wahrheit steckt nie nur in einem Aspekt. Die Wahrheit umfasst alles: Schnelligkeit und Langsamkeit, Zeit und Zeitlosigkeit, Achtsamkeit und Unachtsamkeit, Nähe und Distanz, Sanftmut und Härte, Sonne und Regen. Alles hat seinen Platz. Es geht nicht um das einzig Richtige, sondern um die Erkenntnis des Allumfassenden.

Wenn ihr merkt, dass ihr ein Problem habt, es irgendwo schwierig wird, ihr feststeckt und verhaftet seid, könnt ihr schauen, ob euch meine Anhaltspunkte helfen. Ansonsten vergesst alles wieder und genießt einfach das Sein. Denn alles, was ihr braucht, ist jetzt, und es ist in euch!

Fragen und Antworten

1. Ich habe einen buddhistischen Hintergrund.
Wie siehst du das Thema Karma und Wiedergeburt?
Das betrifft ja auch Vergangenheit und Zukunft.

Ich habe mich mit dem Buddhismus nicht beschäftigt.
Ich kann dazu nicht viel sagen. Ich bin nicht so ein
„Karmatheoriefan", sowieso kein Fan von Philosophien,
Theorien und Erklärungen. Trotzdem sehe ich auf einer
Ebene eine gewisse Wahrheit von Ursache und Wirkung: zu ernten, was gesät wurde. Doch in der Tiefe
existiert letztendlich auch kein Karma. Denn das betrifft
nur die Ebene der Zeit, die Ebene eines scheinbaren
Ichs, das sät und erntet. In dem Bewusstsein des All-
Einen existiert Ein-Sein; kein Ich, nur Bewusstsein jenseits von Zeit und Zeitlosigkeit. Unsere Essenz ist frei
von Zeit, von Geburt und Tod. Nur hier in der Form, in
einem menschlichen Körper, scheint Zeit bedeutsam zu
sein und somit auch Ursache und Wirkung.

Rund um das Thema Karma und vergangene Leben gibt
es eine Menge Tricks, aus denen sich der Mensch wieder neue Illusionen und Ausreden bastelt. Das Wesentliche ist hier und jetzt. Obwohl ich einige Träume und
Erinnerungen hatte, die auf Leben in vergangenen Zeiten hinweisen könnten, und obwohl ich früher einmal
mit Rückführungen gearbeitet habe, bleibt es für mich
offen, ist alles wie ein Spiel und infrage gestellt. Die
Geschichten anderer möglicher Leben sind für mich
nicht von Bedeutung.

Ich habe einmal „per Zufall" im Fernsehen ein Interview mit dem Dalai Lama gesehen und war von seiner

Einfachheit und Natürlichkeit berührt. Er antwortete auf die Frage, ob er sich an vergangene Leben erinnerte, mit Nein. Aber er kenne ein paar Leute, die sich erinnern würden. Von Bedeutung war wirklich nur seine Präsenz, diese Offenheit und Einfachheit. Nichts Besonderes und doch besonders. Ich bin in Sri Lanka einigen sehr gläubigen Buddhisten begegnet. Sie sprachen oft von vergangenen Leben und versuchten, immer sehr wohltätig zu sein, aber es war nicht frei. Vielmehr verbunden mit der Absicht, sich gutes Karma fürs nächste Leben zu retten, was sie auch deutlich aussprachen. Es kann – wie vieles andere auch – wieder missbraucht und zu einem Bild werden, wohltätig zu sein und Mitgefühl haben zu müssen.

Wenn kein wirkliches Mitgefühl da ist, ist es nicht da! Was sollen wir da erzwingen? Das hat aber natürlich nichts mit dem Buddhismus an sich zu tun und nicht mit allen Buddhisten. Das ist unsere menschliche Seite. Dasselbe kennen wir auch von Anhängern anderer Religionen. Und doch liegt in der Essenz aller Religionen Wahrheit, aber die ist formlos, jenseits der Worte. Für mich ist alles offen, alles möglich und nicht möglich.

Das muss ich erst einmal wirken lassen. Ich war immer so ein eingefleischter Buddhist.

Ist total okay, wenn du dich vom Buddhismus angesprochen fühlst. Das ist kein Hindernis. Die Frage ist nur, ob du dich mit Formen und Vorstellungen identifizierst.

Vieles, die Essenz von dem, was du sehr unkonventionell sagst, von der Leere, der Stille, der Welt der Illusionen, deckt sich aber auch mit dem Buddhismus.

Die letztendliche Wahrheit können wir überall finden, durch jede Religion, aber auch ohne Religion, ohne einen philosophischen Hintergrund oder einen lebenden spirituellen Meister. Es gibt einen Punkt, wo es darum geht, alle Bilder und Vorstellungen dem Ungewissen, dem Nichts hinzugeben und Eins zu Eins mit dem Leben zu sein.

2. Wie ist das dann mit Medialität? Du bist ja medial begabt. Ist das mit der Gegenwärtigkeit im Hier und Jetzt verschwunden?

Nein. Aber es ist nicht wirklich wichtig. Einige Zeit war das sehr in den Hintergrund getreten. Dann gab es wiederum Zeiten, wo extrem verstärkt hellsichtige Träume und Wahrnehmungen geschahen und „ich" nachts mit Gruppen „arbeitete". Das ist aber auch nicht berechenbar, vielmehr „unpersönlich", absichtslos. Obwohl es manchmal mit einfließt, ist es für mich nicht wichtig, Medialität weiterzugeben. Wichtig ist, an das Bewusstsein des Unsterblichen, einfacher ausgedrückt, an Liebe und Frieden zu erinnern, euch zu erinnern, hier und jetzt glücklich zu sein. Mediale Begabungen sagen nichts über die innere Bewusstheit aus, und sie allein machen uns nicht glücklicher. Darin liegt manches Geschenk, aber genauso auch manche Falle und Herausforderung.

Mich hat Medialität sehr beeindruckt. Ich wollte immer hellsehen können. Ich dachte, dann wäre ich glücklich. Ich habe schon viele spirituelle Seminare wie Pendeln, Aurasehen und Engelkontakte besucht. Wenn ich ehrlich bin, möchte ich gerne die Zukunft vorweg wissen, um ein bisschen mehr Sicherheit zu haben.

Glaubst du wirklich, dass du dann sicher bist und Kontrolle über das Leben hast? Was willst du wirklich?

Diese Liebe, die ich auch durch die Engel spüren konnte.

Ja, und du kannst dich auch ohne Engel, ohne Hellsehen oder Pendeln dem Sein, der Liebe hingeben. Schließ mal deine Augen, es ist hier in dir, ganz einfach. Nichts ist dafür nötig. Alles ist schon da. Und das in aller Einfachheit. Das Göttliche ist schon da, in allem.

SPIEGEL DER „EINEN QUELLE"

Wir sind alle Ausdruck der „Einen Quelle".
Dessen sind wir uns oft nicht gewahr, weil
wir überwiegend im Bewusstsein der Trennung leben. Menschen,
die wir weniger mögen, sind genau wie Menschen, die wir be-
wundern, eine Widerspiegelung des einen Selbst. Konflikte ent-
stehen, wenn wir Facetten des Lebens oder bestimmte Menschen
und ihre Art zu sein ablehnen oder überbewerten. Die Quelle,
das eine Selbst, wird dabei vergessen. Wir sind darin trainiert,
nur das Trennende wahrzunehmen und alles aus dem Blickwinkel des Dualen, der Ebene der Erscheinungen, der getrennten
Körper und getrennten Leben zu betrachten. Doch all das formt
sich aus einem Selbst. Da beginnt und endet alles.

Das Wahre hinter den Dingen ist uns oft nicht bewusst.
Dafür sehen wir seit langer Zeit die Trennung als einzige Wirklichkeit. Sie erscheint uns real. Solange wir aber nicht der Einheit hinter allem gewahr sind, wird es keinen Frieden geben,
nicht in uns und nicht im Weltpolitischen. Wir werden sonst
immer wieder Zerrissenheit und den Schmerz der Trennung
spüren, uns abspalten und glauben, Andersartiges eliminieren
zu müssen. Allerdings sollten wir das Bewusstsein des All-Einen auch nicht mit einem Einheitsbrei verwechseln. Das sind
zwei verschiedene Dinge. In der Dualität gibt es Unterschied-
lichkeit, die ihren Reiz und ihre Schönheit hat. Individualität
und Einzigartigkeit sind eine wirkliche Freude. Ist das eine

Selbst, das All-Umfassende bewusst, haben wir die Größe, alles friedlich nebeneinander existieren zu lassen, es zu ehren, zu feiern und zu genießen. Wenn wir uns selbst in allem erkennen, kehrt Frieden ein.

Übung 1: „Dasselbe Selbst"

Wenn ihr Lust habt, könnt ihr einmal mit folgender Übung experimentieren. Sie kann helfen, sich des einen Selbst hinter den Dingen, der Liebe und des Friedens gewahr zu sein. Sie mag anfangs etwas aufgesetzt und fremd erscheinen. Seht es zunächst als ein Spiel.

Ihr könnt innerlich oder auch laut zu jedem Baum, jedem Menschen, jeder Blume, jedem Stein, zu eurem Chef, Nachbarn, Partner sagen: „Dasselbe Selbst." Immer wieder sagt ihr zu allem, was ihr seht: „Dasselbe Selbst." Ihr könnt dabei auch den Baum, den Stein berühren. Erkennt, wie alles, was ist, auch wie ihr seid – All-Eins.

Wenn hinter der Form alles wir selbst sind und dasselbe, gegen wen sollen wir dann noch kämpfen? Alles, mit dem wir in Unfrieden sind, grüßt uns und sagt: „Hallo, auch das bist du. Letztendlich weder ich noch du, nur dasselbe Selbst." Wenn wir gegen andere Menschen und ihre Verhaltensweisen ankämpfen, registrieren wir in der Regel nicht, wie wir damit gegen uns selbst, unser Selbst kämpfen. Wir glauben nur, gegen etwas zu kämpfen, das von uns getrennt ist und unserem Glück im Wege steht.

Das gilt nicht nur für persönliche Belange, sondern auch in Hinblick auf die Weltgeschehnisse und das Bewusstsein einer

Welt. Jeder Kampf, jeder Krieg, den Länder gegeneinander führen, ist ein Kampf gegen uns selbst, ist das Vergessen unseres wahren Selbst. Jeder Kampf, den wir mit einer bestimmten Situation führen, ist ein Kampf gegen die Weisheit des Lebens. Es ist nur ein Kampf aufgrund mangelnder Bewusstheit des einen unpersönlichen, allumfassenden Selbst. Wenn wir mit einem Menschen oder einer äußeren Begebenheit nicht in Frieden sind, geht es um nichts als uns selbst. Wir selbst sind nicht in Frieden. Punkt. Ruhen wir wirklich im Selbst, können wir auch andere in Frieden sein lassen.

Wir wollen andere nur verändern, haben besonders „gute Ratschläge" ihr Wohl betreffend, mäkeln an ihnen herum oder stellen sie auf ein Podest, wenn wir selbst unzufrieden sind und uns abtrennen. Darüber hinaus lässt sich das, was wir bei anderen beobachten und ihnen vorwerfen, öfter bei uns selbst beobachten, als wir glauben. Was wir ablehnen, wird uns immer wieder begegnen, bis wir Mitgefühl mit unserer Menschlichkeit haben. Vieles, was wir nicht haben wollen, verschwindet erst dann, wenn es willkommen ist, da zu sein. Wird alles willkommen geheißen, löst sich die Trennung auf. Es geschieht Hingabe an die „Eine Quelle".

In den Jahren meiner Arbeit in psychiatrischen und suchttherapeutischen Einrichtungen, unter anderem mit Obdachlosen und straffälligen Alkoholikern, konnte ich mich auch in den Schattenseiten menschlichen Lebens erkennen. Doch viel stärker noch sah ich dahinter das Licht, die Liebe, die in uns allen brennt, egal wie verdeckt und wie weit entfernt wir davon zu sein scheinen. Auch hier fühlte ich menschliche Verbundenheit, sah das eine Selbst hinter den menschlichen Abgründen.

Es geht nicht um die Oberfläche, um all unsere Geschichten, Meinungen und Urteile, auch nicht um Moral, sondern nur um Liebe, um das gemeinsame Selbst. Unsere Essenz fragt nicht nach besser und schlechter. Über wen wollen wir urteilen, wen wollen wir anklagen, wen verbessern? Schauen wir genau hin, dann sehen wir nur uns selbst gespiegelt. Die Spaltung in „die Guten und die Bösen" bringt nichts als Leid.

Wir sehen uns ja meist als „die Guten". Neid, Missgunst, Wut, Konkurrenz und Härte bemerken wir in der Regel nur bei anderen. Doch nur wenn wir wirklich ehrlich mit uns sind und auf uns schauen, haben wir die Möglichkeit, uns aus diesen Gefühlen zu befreien. Wir haben alle keinen Heiligenschein. Haben wir nicht schon einmal jemand anderen dafür verantwortlich gemacht, wenn wir uns verletzt fühlten? Oder aus Angst davor, Liebe und Anerkennung zu verlieren, nicht das gesagt, was wir fühlten? Haben ja gesagt, obwohl wir nein meinten, waren freundlich zu jemandem, haben aber hinter dessen Rücken anders über ihn gesprochen? Das betrifft nicht nur andere. Lassen wir alles, was wir ablehnen und verurteilen, in unser Herz! Abspaltung und Abtrennung helfen uns nicht.

Ihr könnt auch hierzu eine einfache Übung machen:

Übung 2:

Schließt eure Augen und lasst vor eurem inneren Auge eine Person erscheinen, mit der ihr hadert, die ihr ablehnt oder der ihr etwas vorwerft (das könnt auch ihr selbst sein). Lasst zu, was auch immer ihr empfindet: Gefühle der Ablehnung, der Wut, der Enttäuschung oder der Ohnmacht. In einem passenden Moment könnt ihr alles, was ihr ablehnt, mehr und mehr in euer Herz lassen. Lasst all das in ein Meer von Liebe eintauchen, bis es darin verschwindet und ihr des einen Selbst gewahr seid.

In der Dualität, in dieser Welt der Erscheinungen, gibt es immer zwei Seiten einer Medaille, die gleichwertig sind. Wir wollen das oft nicht akzeptieren und bevorzugen manches und lehnen anderes ab. Dabei kann das eine ohne das andere nicht existieren, kann das eine ohne das andere nicht erfahren werden. In der Einheit dagegen ist nichts mehr existent, löst sich alles auf. Die Erfahrung des Lebens in unserem menschlichen Körper wird erst durch die Polarität möglich. Wenn wir nicht gegen Windmühlen rennen wollen, gilt es, auch die scheinbaren Gegensätze zu akzeptieren. Sie sorgen für eine Balance. Sprechen und Schweigen, Aktivität und Ruhe, Rückzug und Expansion. Welche Ausgewogenheit, welch ein Meisterwerk! Durch die ganze Palette menschlichen Ausdrucks, durch die Individualität jedes Einzelnen spiegelt sich in wunderbarer Weise die Quelle gleichermaßen wieder.

Dabei kann sich die Quelle selbst erkennen. Das heißt: Wir können erkennen, welche Aspekte des Daseins wir ablehnen und wo wir Richter spielen über das Leben und die Menschen. Doch auch das, was wir bemängeln, ist Ausdruck des All-Einen. Auf den Punkt gebracht bedeutet das: Der, der bewertet, und der, der bewertet wird, sind letztendlich, genau wie auch der Kämpfer und das zu Bekämpfende, dasselbe Selbst. Kein Mensch, keine Situation ist unser Feind, ist vielmehr Spiegel zur Erkenntnis. Das gilt auch für die Menschen, die uns auf unsere wunden Punkte aufmerksam machen. Sie zeigen uns, wo wir uns der Ganzheit nicht bewusst und in Illusionen gefangen sind. Wann immer wir uns durch jemanden verletzt, beschränkt oder geärgert fühlen, begegnen wir einem kostenlosen Super-Coach.

Wie gut, dass wir die Menschen, mit denen wir Schwierigkeiten haben, nicht immer so einfach loswerden. Dankbar sind wir meist denen, die es uns leicht machen, aber welches Geschenk sind auch die, die uns an unsere Grenzen bringen! Wenn wir die Herausforderung annehmen, helfen sie uns, zu wahrer Stärke, zu innerer Bewusstheit zu gelangen. Jeder

Mensch ist wie jede Situation, die wir verteufeln, eine Chance. Ist uns grundloses Glück ein wirkliches Anliegen, werden wir von selbst dankbar für Situationen und Menschen, die uns einen Spiegel vor die Nase halten. Sie lassen uns unsere Verstrickungen anschauen und über sie hinauswachsen. Meist sind wir erst, wenn wir Druck und Schmerz verspüren, bereit, alles, was uns sonst wichtig erscheint, hinter uns zu lassen und unseren Fokus einzig auf das Wesentliche auszurichten. Also schaut einmal, wer oder was regt euch tierisch auf? Durch wen oder was fühlt ihr euch kritisiert und verletzt? Wer, glaubt ihr, verwehrt euch etwas, das euch zusteht?

Lasst alle Vorwürfe und Gefühle, alles, was ihr auf einen anderen Menschen oder auf eine bestimmte Situation projiziert, erst einmal ungefiltert innerlich zu – egal, ob ihr euch eingeschränkt, schuldig, wütend, verlassen oder nicht geliebt fühlt. Nehmt dann alles, was ihr auf den anderen richtet, wieder zu euch zurück, bis nichts als das pure Gefühl, die direkte Erfahrung, losgelöst von eurem Gegenüber, bleibt. Es geht nicht um den anderen oder die mit ihm verbundene Geschichte. Diese hat genau wie unsere Angst und unsere Wut nur an der Oberfläche mit dem anderen zu tun. Wir überdecken unsere wirklichen Gefühle lieber mit Schuldzuweisungen und Vorwürfen, anstatt sie direkt zu fühlen. Dabei verbrennen alle Gefühle irgendwann und lösen sich im Nichts auf. Wenn die Gefühle frei fließen können, wird es von selbst still, bleibt nur grundloses Glück. Wir müssen nichts mit ihnen machen. Sie fließen in einer Ausgewogenheit von selbst, so wie wir atmen, ohne das zu kontrollieren.

Ein menschlicher Impuls ist es aber, Gefühle manipulieren zu wollen. Anstatt sie einfach sich selbst zu überlassen, erzeugen wir daraus Dramen und machen andere für unseren Schmerz verantwortlich. Wenn wir aber, anstatt bei uns zu bleiben, eine Veränderung beim anderen erzwingen wollen, begeben wir uns in ein hoffnungsloses Unterfangen. Selbst wenn wir eine Änderung beim anderen erzwingen, ist unser Problem nicht gelöst und wird aller Wahrscheinlichkeit nach in einer neuen Variante wieder auftauchen. Alle Freiheit liegt bei uns, unseren Blickwinkel und wenn nötig auch unser Verhalten zu ändern. Wir können prüfen, wie andere uns mit den Verhaltensweisen, die wir an ihnen kritisieren, spiegeln. Wenn wir uns darüber aufregen, dass jemand unflexibel und nicht liebevoll genug ist, können wir schauen, wo wir selbst unflexibel und lieblos sind. Allein dass wir uns über ihre Lieblosigkeit aufregen, zeigt unsere mangelnde Akzeptanz für sie.

Wenn wir in uns ruhen, können wir anderen ihre Unflexibilität, ihre scheinbar fehlende Liebe lassen, sind in Frieden damit, wie sie sind. Wenn wir anderen zum Beispiel vorwerfen, dass sie ihre Möglichkeiten nicht nutzen, können wir schauen, ob das auch auf uns zutrifft. Wir haben uns alle nichts vorzuwerfen. Wir können nur unser Bestes geben. Es ist gut, wenn unser Wunsch, das Leben in unsere Vorstellungen zu pressen, immer wieder enttäuscht wird. Denn wie das Wort schon sagt: eine Ent-Täuschung. Es ist eine Täuschung, der wir unterliegen, wenn wir glauben, alles solle so sein, wie wir es fordern. Alle Vorwürfe, die wir anderen machen, sagen viel mehr über uns aus und wo wir selbst gekränkt und unversöhnlich sind. Vorwürfe entspringen nur enttäuschten Erwartungen. Es liegt an uns, ob wir Verletzungen und Schuldzuweisungen weiter nähren oder uns an die unantastbare innere Vollkommenheit erinnern.

Niemand konnte uns wirklich jemals etwas antun, niemand kann unsere Essenz zerstören – nicht einmal durch das, was wir als größte Verletzung ansehen. Was auch immer war und sein wird und welche Verletzungen ihr in eurem Leben erfahren habt, öffnet euch für das heile Ganze, das unzerstörbar ewiglich ist. Wenn wir uns an den alten Geschichten festbeißen, geben wir diesem Moment und einer neuen Erfahrung keine Chance. Dieser Moment ist frei, er ist neu. Vielleicht seid ihr bereit für eine neue Erfahrung, offen für das, was unzerstörbar, ganz und einfach präsent ist! In „dem heilen Ganzen", der Essenz, liegt alles Glück. Schmerz erfahren wir nur, wenn wir mit den Erfahrungen nicht in Frieden, sondern im Widerstand sind, in Hader und in Schuldzuweisungen verweilen.

Geben wir den Geschichten keine Energie mehr! Unsere Essenz ist immer unberührt und ganz. Je mehr wir des grundlosen Glücks gewahr sind, desto weniger suchen und kämpfen wir außerhalb, sind nicht mehr interessiert an den selbstkreierten Dramen. Wir werden ruhig und ruhen in einem Frieden, der unzerstörbar ist. Was uns sonst stört, wird unbedeutend. So lange wir unsere Aufmerksamkeit nach außen verlagern und unseren Blick auf andere richten, nehmen wir unsere Chance nicht wahr und vergessen, zu uns selbst, „dem Selbst", zurückzukommen.

Das Leben lehrt und gibt uns immer genau das, was wir brauchen. Dabei werden wir oft nicht gerade in Watte gepackt und geradezu brutal gezwungen, zum Wesentlichen zu kommen. Jeglicher Illusion entrissen bleibt nichts als pures Dasein. Manches Leid kann ein Ende nehmen, wenn wir uns dem Leben hingeben und uns bewusst sind, dass es immer nur unser höchstes Wohl im Auge hat. Aus dem Blickwinkel unserer Wünsche und Ängste scheint das alles andere als glaubhaft zu sein. Deren Interessen scheint das Leben jedoch nicht zu berücksichtigen. Denn alles ist darauf ausgerichtet, dass wir uns des einen Selbst gewahr werden.

Das Leben, die Menschen, alles „arbeitet" für uns, für die Erkenntnis grundlosen Glücks. Alles andere ist im Vergleich dazu unwichtig. Wenn alles nicht so klappt, wie wir es erwarten, können wir uns fragen, ob das, was wir uns wünschen, wirklich unserem höchsten Wohl dient. Meist trifft das eher auf die Situation zu, die das Leben für uns vorsieht. Je mehr Hingabe an das Leben geschieht und die Loslösung von unseren Vorstellungen, desto stärker leuchtet das Licht grundlosen Glücks von selbst. Wir werden vom Leben reingewaschen, bis der Diamant unseres Seins erstrahlt. Leer, rein und klar spiegelt sich alles in ihm. Und vieles, was wir für echt und bedeutsam halten, stellt sich dann als substanzlos heraus.

Wir können uns entspannen und dem Leben hingeben. Es zeigt uns, wo wir wirklich stehen. Wir können jeden Morgen meditieren, alles über das Glück oder Spiritualität gelesen haben, das muss nichts bedeuten, wenn wir Auge in Auge mit dem Leben sind. Dann sehen wir, was wirklich Bestand hat. Das Leben zeigt uns gnadenlos und dabei doch voller Gnade auf, was funktioniert und was nicht. Es gibt keinen besseren Lehrer als den Spiegel des Lebens selbst. Das Leben ist sehr verlässlich. Es lässt sich nicht blenden, nicht manipulieren. Es gibt unmittelbar Antwort.

Das, was sein soll, ist. Wie es anders besser wäre, darum geht es nie. Das Leben will einfach nur gelebt sein.

Nichts und niemand, auch kein Meister oder Guru, kann uns die Hingabe an die Weisheit des Lebens abnehmen. Ob wir diese Weisheit erkennen, ist allerdings letztlich unbedeutend. Es geht nicht darum, alles verstehen und wissen zu müssen, sondern um die Bewusstwerdung grundlosen Glücks. Dadurch lösen sich scheinbare Probleme von selbst auf. Ich kann es nur immer wieder betonen: Verneigen wir uns vor dieser unglaublichen Vollkommenheit, der „Einen Quelle" in und hinter allem. Es ist wichtig, der Trennung und dem Kampf keine Energie zu geben. Das beginnt schon bei den einfachen alltäglichen Dingen. Richtet eure Aufmerksamkeit auf die Essenz, die Stille, dann kann grundloses Glück durchstrahlen.

Das eine Selbst ruft euch, jeden von euch.
Reicht ihm die Hand, lasst euch fallen in grundloses Glück,
ins pure, einfache Dasein.
Danke, dass ihr diesen Worten, der Essenz, Gehör geschenkt
habt! Es ist Zeit für alle, die es wirklich wissen wollen
und mutig genug sind, nicht den alten Dramen Macht zu ge-
ben, sondern frei und grundlos glücklich zu sein.
Es ist möglich.

Möget ihr in grundlosem Glück ruhen!
Möget ihr frei
und grundlos glücklich sein!

Von Herz zu Herz – von Mensch zu Mensch,
jenseits aller Worte, bin ich mit euch
ein Selbst, ein Sein.
Danke.

Über die Autorin

Zum Jahrtausendwechsel erwachte Barbara Vödisch im Bewusstsein unendlichen Glücks. Jegliches Leiden und ihre intensive Suche nach „zu Hause", der Quelle allen Seins, endete. Als „Glücksfee" unterstützt sie Menschen, jetzt, und nicht erst in der Zukunft, glücklich zu sein und die Suche nach dem Glück endlich enden zu lassen.

www.barbaravoedisch.de

Barbara Vödisch
Postfach 1333
83203 Prien
(Anfragen bitte mit frankiertem Rückumschlag)

Barbara Vödisch
Shivananda Heinz Ackermann

Begleiter auf
dem Weg ins Jetzt

Leider haben wir vergessen, dass wir schon ganz sind, dass es nichts zu verbessern gibt und dass wir das Licht von Geburt an in uns tragen. Wir müssen uns also wieder erinnern, und das möglichst jeden Tag aufs Neue.

Diese vierzig Karten sind ideale Erinnerungshilfen. Sie können Sie nutzen, indem Sie jeden Morgen eine Karte ziehen – oder ganz bewusst aussuchen – und den Spruch darauf zu Ihrem Motto für den ganzen Tag machen.
Sie können sie auch wie ein Orakel nutzen, indem Sie sie verdeckt auslegen und eine Antwort auf die Frage ziehen, die Ihnen gerade besonders am Herzen liegt. Die Antwort wird, wie immer sie ausfällt, auf das hinweisen, was ist – jetzt!

Barbara Vödisch (Text) / Shivananda Heinz Ackermann (Bilder)
Einfach sein – Spiel der Erkenntnis
40 farbig illustrierte Karten, mit Begleitheft, im Schuber | ISBN 978-3-933496-64-5

J.Kamphausen   www.weltinnenraum.de